Propriété des Éditeurs,

VOYAGES
EN PERSE

ARMÉNIE, MÉSOPOTAMIE, CHALDÉE, KURDISTAN, ARABIE, etc.

PAR

HENRI GARNIER

Auteur des Voyages en Asie et des Voyages autour du Monde.

4e ÉDITION

TOURS

Ad MAME ET Cie, IMPRIMEURS-LIBRAIRES

1854

O^2
170
A

BIBLIOTHEQUE

DE LA

JEUNESSE CHRÉTIENNE

APPROUVÉE

PAR S. EM. LE CARDINAL ARCHEVÊQUE DE TOURS.

VOYAGES EN PERSE

I

JEAN CHARDIN

VOYAGES EN PERSE

1664-1680

De toutes les narrations de voyages, aucune n'a eu un succès aussi soutenu et aussi mérité que celle dont Chardin est l'auteur. Les nombreuses réimpressions de ce livre, depuis l'édition originale de 1686, celles qu'on a publiées même de nos jours, prouvent le degré d'intérêt qui s'attache à la lecture de cet ouvrage. Bien que la Perse ait subi de grandes modifications et ne soit plus telle qu'au moment où Chardin l'habitait, il est cependant une foule d'observations de ce voyageur qui sont vraies encore aujourd'hui, et tous ceux qui ont vu ce pays depuis lui ont unanimement rendu hommage à la justesse et à la profondeur de ses remarques, à la variété de ses connaissances, à sa véracité.

Né à Paris, en 1622, Jean Chardin était à peine âgé de vingt-deux ans, lorsqu'en 1644 il entreprit son premier voyage pour les opérations commerciales de son père, riche joaillier de la capitale. A cette époque, il demeura en Perse six années, pendant lesquelles il étudia ce pays sous tous ses aspects et acquit une connaissance approfondie de la langue. En 1670, il revint en France; mais son séjour fut de courte durée, car il était à Ispahan à la fin de juin 1672. Il ne quitta définitivement la Perse qu'en 1678, et vint alors se fixer à Londres, où Charles II lui donna des titres, des décorations, et le nomma même ambassadeur près les Etats de Hollande. Il passa le reste de sa vie tranquille et honoré, et termina ses jours le 26 janvier 1713.

Chardin a réuni dans un même ouvrage le résultat de ses observations; mais il n'a publié de relation que sur son second voyage. Voici son début :

« En 1671, quinze mois après mon premier voyage aux Indes, je partis de Paris, en compagnie de M. Raisin, mon associé, pour retourner dans ces contrées lointaines, afin d'étendre mes connaissances sur les langues, sur les mœurs, sur les religions, sur les arts, sur le commerce et sur l'histoire des Orientaux; je désirais aussi travailler à l'établissement de ma fortune. Je songeai donc à retourner aux Indes, où, sans sortir de ma condition de marchand, je ne pouvais manquer de satisfaire une ambition modérée, puisque les souverains eux-mêmes s'y livrent au commerce.

« Le roi de Perse m'avait nommé son marchand par des lettres patentes de 1666, et m'avait chargé de faire confectionner en France plusieurs bijoux de prix; mon père me fournit les moyens de remplir ma commission. »

Chardin partit en novembre 1671; il se rendit à Smyrne, et de là à Constantinople; mais ce ne fut que le 10 septembre de l'année suivante qu'il arriva à Isgaour, port de la Mingrélie, la Colchide des anciens, province alors gouvernée par des princes particuliers, et qui actuellement est réunie à l'immense empire de Russie. Il espérait pouvoir se rendre immédiatement en Perse, à l'aide des missionnaires théatins fixés en Mingrélie dès 1627; mais les choses ne marchèrent pas aussi vite qu'il l'aurait désiré, et il eut à subir bien des vexations avant de pouvoir continuer son voyage. Un vaisseau le conduisit à la demeure des missionnaires, située sur les bords de la mer Noire, à cinquante-cinq milles d'Isgaour; il fut accueilli avec hospitalité par les bons pères, qui cherchèrent à lui être utiles. Pendant son séjour, la princesse de Mingrélie vint visiter les missionnaires. « Le préfet, le P. Zampi, l'alla promptement recevoir, dit Chardin; elle était à cheval, et avait environ huit femmes et dix hommes à sa suite, avec des gens de pied autour de son cheval. Cette suite était fort mal vêtue et fort mal montée; la princesse dit au préfet qu'elle avait appris que la provision qu'on leur envoie tous les ans de Constantinople était arrivée, et qu'il y avait des Européens dans sa maison qui avaient apporté un grand bagage; qu'elle s'en réjouissait et désirait les voir pour leur dire qu'ils étaient les bienvenus. On m'appela aussitôt pour la saluer. Le P. Zampi me dit qu'il lui fallait faire un présent, que c'était la coutume de payer de quelque don les visites du prince et de la princesse. Admis en sa présence, je la suppliai de vouloir bien attendre que je lui portasse mon offrande à son palais; elle accepta sans délai.

« Elle me questionna beaucoup sur le but de mon voyage, et cette conversation, qui se faisait en turc par l'intermédiaire d'un esclave, me sembla fort longue, car je craignais à tout moment qu'elle ne fît piller la maison, ayant demandé à trois reprises de voir ce que j'avais apporté et la provision des théatins. Le P. Zampi lui promit de lui porter le lendemain le présent accoutumé et que je lui en porterais un aussi; elle s'en alla avec cette assurance.

« Le lendemain, elle m'envoya inviter à dîner; j'y fus avec le P. Zampi et un autre théatin. Je la trouvai dans un bel ajustement; elle était fardée, ses habits étaient de brocart d'or, et sa coiffure était ornée de pierreries; elle se tenait assise sur des tapis, ayant à ses côtés neuf ou dix femmes de chambre. La salle était remplie de gens de mauvaise mine et demi-nus, qui composaient sa cour. Avant de me laisser entrer, on me demanda mon présent, dont la princesse fut fort contente.

« La maison où elle logeait était au milieu de cinq ou six autres, chacune à cent pas de distance, sans enceinte de haie ou de mur. On voyait au devant une estrade de bois d'environ dix-huit pouces de hauteur, couverte d'un petit dôme; on étendit des tapis dessus. La princesse s'y assit, ses femmes se mirent à quatre pas d'elle sur d'autres tapis, les courtisans s'assirent en rond sur l'herbe. Pour les théatins et pour moi, il y avait deux bancs proches de l'estrade : l'un nous servait de siége, l'autre, de table. Quand la princesse fut assise, son garde-nappe étendit devant elle une longue toile peinte; il mit sur un bout le buffet, qui consistait en deux grands flacons et deux petits, en quatre plats et huit tasses de diverses grandeurs, un bassin, une cuiller à pot et une écumoire, tout cela d'argent. D'autres valets mettaient en même temps, devant ceux qui étaient assis, des planches de bois pour servir de table. On en mit une aussi devant les femmes. Dès que tout cela fut placé, on approcha au milieu deux chaudrons : un très-grand porté par quatre hommes, et qui était plein de *gom* commun ; un autre plus petit, porté à deux, plein de *gom* blanc. Le *gom* est une pâte dont les Mingréliens se nourrissent ; elle est faite avec le gom, espèce de grain qui ressemble au millet. Deux autres hommes apportèrent sur une civière un cochon bouilli tout entier, et quatre autres hommes chacun une grande cruche de vin. On servait de tout cela à la princesse, puis à ses femmes, puis à nous, puis à la suite. On servit de plus à la princesse un bassin de bois, où il y avait du pain et des herbes fortes pour exciter l'appétit, et un grand plat d'argent dans lequel il y avait deux volailles, une bouillie, une rôtie, toutes deux avec une mauvaise sauce, dont je ne pus jamais manger. La princesse m'envoya une partie du pain, des herbes et deux morceaux de volaille.

« Le repas dura deux heures. Quand il fut à moitié, la princesse m'envoya une tasse de vin et me fit dire que c'était le vin de sa bouche et la tasse où elle buvait ; elle me fit trois fois le même honneur. Elle était fort surprise de voir que je mettais de l'eau dans le vin, disant n'avoir jamais vu personne en user ainsi. Elle et ses femmes buvaient le vin pur et en grande quantité. A la fin du repas, elle me fit demander si je n'avais point apporté d'épiceries et de porcelaines ; elle m'envoya six ou sept messagers, toujours pour des questions semblables. Toutes mes réponses furent des refus; elle s'en fâcha à la fin, et dit qu'elle voulait visiter mes effets; je lui répondis que ce serait quand il lui plairait; et dès qu'on fut hors de table, je suppliai un des théatins qui m'accompagnaient d'aller en diligence avertir mon camarade, afin qu'il se préparât à tout événement. Bientôt après, je fus congédié. La princesse aperçut par malheur que, sous la méchante robe que je portais, j'avais du linge plus blanc et plus fin que celui qu'on a en Mingrélie (suivant le conseil du P. Zampi, Chardin se faisait passer pour un pauvre capucin et en avait pris le costume). Elle s'approcha de moi, me saisit la main, me retroussa la manche jusqu'au coude, et me tint quelque temps par le bras, s'entretenant bas avec une de ses femmes.

« Cependant je n'étais jusque-là que déconcerté. Voici ce qui me jeta en une extrême consternation. La princesse s'approcha du P. Zampi et lui dit: « Vous me trompez tous deux; je veux que vous reveniez ensemble dimanche matin et que le nouveau-venu me dise la messe. » Le P. Zampi voulut répondre; mais la princesse tourna le dos, et on nous dit de nous en aller. »

Chardin, triste et pensif, se hâta de gagner le couvent des théatins et de mettre en sûreté ses objets précieux, et surtout une cassette contenant douze mille ducats d'or. Il fit bien, car le lendemain deux officiers du prince se présentèrent au logis, et, après une scène des plus violentes, fouillèrent dans les caisses du voyageur, et prirent tout ce qui était à leur convenance. Mais, grâce à sa prévoyance, la perte fut minime en comparaison de ce qu'elle aurait pu être si les pillards avaient découvert ce qu'il avait caché.

A peine fut-il sorti de ce danger qu'il en courut un plus grand encore, par suite d'une excursion que les Turcs firent en Mingrélie. Les théatins et leur hôte se sauvèrent dans une forteresse voisine, celui-ci laissant ses richesses dans les lieux où il les avait cachées, mais abandonnant tous ses livres, ses instruments, ses papiers, qui furent saccagés et brisés. Ce ne furent pas les Turcs qui lui causèrent cette perte irréparable; un chef mingrélien fut plus barbare qu'eux: n'ayant pas de lumière pour l'éclairer pendant une nuit qu'il passait au couvent, il fit mettre le feu à ces livres et à ces papiers.

Les dangers croissaient toujours, Chardin se décida à s'embarquer de nouveau sur la mer Noire, afin d'essayer de gagner la Perse par une autre route, et laissa son compagnon en Mingrélie pour veiller à leur fortune commune; il emporta cependant avec lui cent mille livres en pierreries et huit mille francs en or. Quelques jours de navigation le conduisirent à Gonie, ville située à quarante milles au-dessus de l'embouchure du

Phase. Là encore il fut victime d'une foule de vexations de la part des douaniers, et ne se tira de leurs mains qu'à force d'argent; le 2 décembre il commença à gravir le mont Caucase, dont il atteignit le sommet le 8 de ce mois.

« C'est la montagne la plus haute et la plus difficile à passer que j'aie vue, dit-il; elle est pleine de rochers et de précipices affreux. On a beaucoup travaillé cependant en plusieurs endroits à y pratiquer des sentiers. Elle était toute couverte de neige lorsque je la passai, et il y en avait presque partout plus de dix pieds de haut; il fallait souvent que mes conducteurs pratiquassent un chemin avec des pelles. Ils avaient à leurs pieds une manière de sandales propres à marcher sur la neige, que je n'ai vues qu'en ce pays-là. La semelle a la forme et la longueur d'une raquette sans manche, mais pas tant de largeur; le réseau est aussi plus lâche, et le bois est tout rond. Cette chaussure les empêche d'enfoncer dans la neige, car elle n'y entre pas plus d'un travers de doigt; ils courent fort vite ainsi chaussés. Le haut du Caucase est perpétuellement couvert de neige; et, pendant les huit lieues de chemin qu'on fait pour le traverser, il est inhabité. Le mont est, jusque vers le haut, fertile et abondant en miel, en blé et en gomme; il l'est encore en vin, en fruits, en cochons et en gros bétail. On y trouve plusieurs villages. La vigne y croît autour des arbres, et

1*

s'élève si haut, que l'on n'en peut souvent aller cueillir le fruit. Les paysans habitent dans des cabanes de bois; chaque famille en a quatre ou cinq. Ils font un grand feu au milieu de la plus grande, et se tiennent tous autour. Les femmes moulent le grain à mesure qu'on a besoin de pain; ils font cuire la pâte dans des pierres rondes, d'un pied de diamètre ou environ, et creuses de la profondeur de deux à trois doigts. Ils font bien chauffer la pierre, ils mettent le pain dedans, et ils le couvrent de cendres chaudes et de charbons ardents par-dessus. Ce pain est fort bon.

« Les habitants de ces montagnes sont pour la plupart chrétiens du rit géorgien; ils ont le teint fort beau, et sont bons et hospitaliers. »

Le 15 décembre Chardin était à Goré, et alla se loger chez les missionnaires de la Propagande, qui le reçurent à merveille et lui donnèrent un des frères pour l'accompagner. Ils suivirent les bords du fleuve Kur, l'ancien Cyre, et arrivèrent à Tiflis, capitale de la Géorgie. Le premier soin de Chardin fut de partir bien escorté pour retourner en Mingrélie chercher son compagnon. Il ne fit pas la route entière, car il rencontra cet ami, qui était parvenu à sauver leurs trésors communs, et, pleins de joie, ils revinrent ensemble à Tiflis.

« Cette ville, dit-il, est une des plus belles de

la Perse (1), quoiqu'elle ne soit pas fort grande ; la plupart des maisons sont bâties le long du Kur ; la ville s'étend en longueur du midi au nord, ayant une grande forteresse du côté du midi, située sur le penchant de la montagne ; la place d'armes, qui est au devant, sert aussi de place publique et de marché. »

On compte à Tiflis quatorze églises ; six appartiennent aux Géorgiens, les autres aux Arméniens. La cathédrale, qui s'appelle *Sion*, est située sur le bord du fleuve, et toute construite de belles pierres de taille. C'est un ancien bâtiment bien conservé, semblable à toutes les églises que l'on voit en Orient, qui sont composées de quatre nefs, et dont le milieu est un grand dôme soutenu de quatre gros pilastres, et couvert d'un clocher. Le grand autel est au milieu de la nef opposée à l'orient. L'évêché joint l'église, le *trébile* y demeure. On appelle toujours de ce nom les évêques de Tiflis.

Cette ville possède de beaux bâtiments publics ; ses bazars sont grands, bâtis de pierre et bien entretenus ; il y a peu de bains, parce que tous les habitants vont aux bains d'eaux thermales qui sont dans la forteresse. Le palais du prince fait un des plus beaux ornements de la cité ; il a de grands salons qui donnent sur le fleuve et sur les

---

(1) Du temps de Chardin, la Géorgie était une province de Perse. Actuellement elle fait partie de l'empire russe.

jardins, qui sont immenses. Il y a des volières remplies d'oiseaux de différentes espèces, un grand chenil et une magnifique fauconnerie. Au devant du palais se trouve une place carrée, entourée de boutiques ; elle aboutit à un long bazar. Les dehors de Tiflis sont ornés d'un grand nombre de maisons de plaisance et de beaux jardins.

Les missionnaires de la Propagande ont une maison à Tiflis, où ils sont arrivés vers 1660 ; c'est là que réside le préfet des missions de toute la Géorgie ; ce fut ce religieux qui présenta notre voyageur au vice-roi Chanavas-Kan.

« Il était près de midi quand nous allâmes au palais, dit le narrateur ; le prince était dans une salle de cent dix pieds de long sur quarante de large, bâtie au bord du fleuve, et tout ouverte de ce côté-là. Le plafond, travaillé à la mosaïque, était posé sur quantité de piliers peints et dorés, de trente-cinq à quarante pieds de hauteur ; toute la salle était couverte de beaux tapis. Le prince et les principaux officiers étaient assis près de trois petites cheminées, qui, avec plusieurs brasiers, échauffaient si bien la salle, qu'on n'y sentait pas le froid. Je saluai le prince en m'inclinant trois fois, et on me fit prendre place à la table du festin. Pendant ce temps, on mettait aux pieds du prince les présents que j'avais apportés, ainsi que les lettres patentes du roi de Perse. Le prince prit la patente, l'ouvrit, la porta à la bouche et au front, en se levant de son siége, puis la donna à son premier ministre pour lui en dire le contenu, ce que celui-ci fit à voix basse. »

La réception que fit le prince aux voyageurs fut des plus courtoises; il les invita plusieurs fois à de grands festins et à la noce d'une de ses nièces; souvent il leur envoyait des mets de sa table; enfin il choisit lui-même le guide qui devait les conduire pendant le reste du chemin. En conséquence, après une dernière visite au vice-roi, Chardin et Raisin quittèrent Tiflis le 1er de mars; le soir ils couchèrent dans un caravansérai. Comme nous aurons plus d'une fois occasion de parler de ces établissements, nous allons les faire connaître en citant la description de Chardin.

« Les caravansérais sont de grands bâtiments construits pour mettre à couvert les voyageurs. En Perse, ceux des villes et ceux de la campagne sont faits presque de la même sorte, si ce n'est que ceux des villes sont ordinairement à deux étages. Ce sont de grands édifices carrés de vingt pieds de haut, avec des chambres tout du long sur une seule ligne, voûtées et élevées de quatre à cinq pieds du rez-de-chaussée, n'ayant guère plus de huit pieds en carré, et toutes sans fenêtres, de sorte que le jour n'y entre que par la porte. Chaque chambre a un petit vestibule de même longueur, ouvert sur le devant de quatre à cinq pieds, avec une petite cheminée à côté, dont la couverture est un dôme; outre le double logement, un corridor règne le long des chambres. Derrière celles-ci sont les écuries, bâties autour de l'édifice comme des allées, avec des portiques élevés et profonds. Le milieu de la cour est d'ordinaire marqué ou par un grand bassin d'eau vive, ou par un perron. Ces caravansérais sont couverts en terrasses. Les entrées sont des portiques avec des boutiques où l'on vend les aliments les plus communs.

« On ne trouve dans ces sortes d'hôtelleries que les quatre murailles. Chacun, en entrant, se met dans la première chambre qu'il trouve vide, du côté qu'il lui plaît. Il y demeure autant de jours qu'il veut, et puis s'en va sans qu'on lui demande rien. Ces hôtelleries sont entretenues par la charité publique. Le concierge vend ce qu'il faut pour les bêtes de somme et les choses les plus nécessaires pour la vie; on va acheter la grosse viande au premier village ou à des camps voisins.

« Quant aux caravansérais des villes, ils sont de deux sortes: les uns pour les voyageurs et pour les pèlerins, dans lesquels on loge aussi sans payer; les autres pour les marchands, et ceux-ci sont d'ordinaire plus beaux et plus commodes, ayant aux chambres des portes qui ferment bien; mais comme la plupart sont occupées par des marchands, on y paie un ou deux sous par jour;

il y a en outre le droit d'entrée, qui est plus considérable, et le droit de ce qu'on vend, qui se paie à tant la balle, impôts qui sont plus ou moins importants, selon la nature du négoce. Le droit d'entrée s'appelle *sercolphe*, c'est-à-dire *cadenas;* quelques caravansérais appartiennent au domaine, les autres à des particuliers, et il faut remarquer que dans toutes les villes, chaque caravansérai est particulièrement destiné aux gens de certains pays et aux marchands de certaines marchandises.

« On appelle ces édifices de divers noms. En Turquie on les nomme *han;* en Tartarie et aux Indes *serai;* en Perse *caravanserai*, de *carvan*, caravane, et de *serai*, grand logis, d'où est venu le mot de sérail. »

Peu de jours après, Chardin entrait à Erivan, capitale de l'Arménie, province que les Russes ont enlevée à la Perse il y a peu d'années. Cette ville, fort grande, mais sale et mal bâtie, n'offre rien de remarquable. A trois lieues est le célèbre monastère des Trois-Églises, le sanctuaire des chrétiens arméniens et le lieu pour lequel ils ont le plus de vénération; on voit dans la sacristie des ornements magnifiques, présents de différents papes. A douze lieues d'Erivan à l'est, on voit le mont Ararat, où, suivant la tradition, s'arrêta l'arche de Noé. Au pied de cette montagne se trouvent un village de chrétiens et un monastère qui est en grande réputation parmi les Arméniens, parce qu'ils croient que Noé, après le déluge, y fit sa première demeure et ses premiers sacrifices.

Chardin, malade et fatigué, séjourna quelque temps à Érivan ; le gouverneur lui fit de fréquentes visites ; à chacune de ces visites, le voyageur était obligé de lui offrir un nouveau présent. Il fut d'ailleurs assez content de la manière dont on le traita, et obtint du gouverneur des lettres de recommandation qui, entre autres avantages, devaient l'exempter des droits de douane.

Le 17 avril, Chardin arriva à Tauris ; le 13 il avait traversé le fameux Araxe, fleuve qui sépare l'Arménie de la Médie. Tauris est une grande et belle ville, au fond d'une plaine, et au bas du mont Oronte. Elle n'a ni murs ni fortifications, et est traversée par un petit fleuve. Elle a au moins quinze mille maisons et quinze mille boutiques. Les maisons en Perse sont séparées des boutiques, qui sont la plupart disposées en de longues et larges rues voûtées, de quarante à cinquante pieds de hauteur. Ces rues s'appellent *bazars*, c'est-à-dire marchés. Elles forment le centre de la ville, les maisons sont sur le dehors, et presque toutes ont un jardin. Tauris n'a qu'un petit nombre de palais, mais ses bazars sont les plus beaux de l'Asie. Les mosquées, au nombre de deux cent cinquante, ont assez belle apparence. La place principale de Tauris est la plus grande de l'Orient ;

on y a rangé plusieurs fois trente mille hommes en bataille. La population de Tauris est, suivant les anciens voyageurs, de cinq cent cinquante mille habitants; mais les géographies récentes réduisent le nombre à cent mille, et même à quatre-vingts. Le 28 mai, Chardin quitta Tauris en compagnie d'un seigneur persan qui voyageait avec un train considérable; ils marchaient lentement, car ils ne faisaient pas plus de six à neuf lieues par jour. « Nous partions, dit-il, toujours le soir une heure ou deux avant le coucher du soleil; nous achevions les traites de cinq à six lieues à minuit ou environ; celles qui avaient huit à neuf lieues nous tenaient en route toute la nuit. On voyage ainsi dans tout l'Orient durant le beau temps, pour être à couvert de l'ardeur du soleil. La nuit on marche plus vite, on est plus dispos. Quand on est arrivé, on se couche. Tout le monde se lève à neuf ou dix heures, et on fait un léger repas; à quatre heures on soupe. Pendant le repas le cuisinier nettoie ses ustensiles; le valet de chambre ferme les *mafras*: c'est une espèce de porte-manteau où l'on met le lit et les habits, aussi proprement que dans un coffre. Ceux qui n'ont pas vu l'Orient auront peine à comprendre la facilité avec laquelle les gens de toute classe y voyagent, bien que l'on soit obligé de porter, pour ainsi dire, toute une maison avec soi; cela tient à ce que, les valets ayant chacun leur emploi distinct, tout se trouve fait en un instant. Comme il n'y a ni tavernes ni hôtelleries sur les grands chemins, on porte toujours de quoi boire et manger lorsqu'on en a envie, et tout le matériel nécessaire se transporte fort commodément dans de petits coffres que l'on appelle yaltan : ce sont des boîtes de bois carrées de dix-huit pouces de diamètre et de vingt-deux de profondeur, doublées de feutre ou de drap par dehors, et de cuir par dedans. Elles tiennent l'une à l'autre comme les besaces que l'on porte en croupe, et on les passe sur la selle, sans que cela empêche l'homme d'être assis dessus à son aise. On enferme d'un côté du linge, des ustensiles de table, et tout ce qu'on veut manger; de l'autre, on met du café, des liqueurs, de la glace, etc., et comme l'on ne trouve pas partout de bonne eau potable, le même homme qui a soin du yaltan en porte dans une outre longue, pendue sous le ventre du cheval, d'où on la tire fort fraîche, surtout le soir et le matin. »

Kom est la première ville un peu importante que Chardin trouva pendant cette partie de son voyage; elle a quinze mille maisons, elle est ceinte d'un fossé et d'un mur flanqué de tours : cette ville a quantité de beaux caravansérais et de belles mosquées. Trois jours après, nos voyageurs étaient à Cachan, remarquable par une mosquée, reste de la splendeur des premiers mahométans qui envahirent la Perse. Enfin, le 29 juin 1672, ils arrivèrent à Ispahan, et furent immédiatement logés au couvent des Capucins.

Chardin, avons-nous dit, s'occupait du commerce de bijoux et de pierreries; il mit donc tout en œuvre pour placer les objets de prix qu'il avait apportés, car le roi était mort et son fils ne paraissait nullement disposé à acheter les choses magnifiques commandées par son père. Chardin raconte avec de longs détails toutes les négociations qu'il suivit afin d'arriver à son but, mais nous ne nous y arrêterons pas, bien qu'elles fassent connaître la manière de commercer du pays. Nous préférons emprunter à sa narration la description des audiences données par le roi aux ambassadeurs moscovites et anglais, et aux agents de la Compagnie française des Indes.

« A côté de la grande entrée du palais, il y avait douze chevaux des plus beaux de l'écurie du roi, couverts des harnais les plus magnifiques qu'on puisse voir. Quatre harnais étaient ornés d'émeraudes, deux de rubis, deux de pierres de couleurs mêlées avec des diamants; deux autres étaient garnis d'or émaillé, et deux autres de fin or lisse. Outre la selle, le pommeau et les étriers étaient couverts de pierreries assorties aux harnais. Ces chevaux avaient de grandes housses pendant fort bas, les unes en broderie d'or et de perles, les autres de brocart d'or très-fin et très-épais, entourées de houppes et de pommettes d'or parsemées de perles. Les chevaux étaient attachés aux pieds et à la tête avec de grosses tresses de soie et d'or, à des clous d'or fin; on ne peut, en vérité, rien voir de plus superbe ni de plus royal que cet équipage, à qui il faut joindre douze couvertures de velours d'or frisé qui servent à couvrir les chevaux de haut en bas, lesquelles étaient en parade sur le balustre qui règne le long de la face du palais.

« Entre les chevaux et le balustre, on voyait quatre fontaines, hautes de trois pieds et grosses à proportion. Deux étaient d'or, posées sur des trépieds aussi d'or massif; deux autres étaient d'argent, posées sur des trépieds de même métal. Tout auprès il y avait deux grands seaux et deux gros maillets, des plus gros qu'on puisse voir; tout cela aussi d'or massif jusqu'au manche. On abreuve les chevaux dans les seaux, et les maillets servent à ficher en terre les clous auxquels on les attache. A trente pas des chevaux, il y avait des bêtes farouches, dressées à combattre contre de jeunes taureaux, deux lions, un tigre et un léopard, attachés et chacun étendu sur un grand tapis, la tête tournée vers le palais. Sur les bords du tapis, il y avait deux maillets d'or et deux bassins aussi d'or. Vis-à-vis du grand portail il y avait deux carrosses à l'indienne, attelés de bœufs, à la façon de ce pays-là. A droite, il y avait deux gazelles, et à gauche étaient deux grands éléphants, couverts de housses de brocart d'or, et chargés d'anneaux aux dents, et de chaînes et d'anneaux d'argent aux pieds, et un rhinocéros. Au deux bouts de la place, on promenait en laisse les taureaux et les béliers dressés au combat ; des troupes de lutteurs et d'escrimeurs se tenaient prêtes à en venir aux mains au premier signal. Le roi, environné de toute sa cour, se tenait sur son trône, et reçut d'abord les envoyés de quelques peuples voisins, puis celui de Moscovie, qui, suivant l'étiquette, fut obligé de baiser les pieds du roi avant de lui offrir ses présents.

« Dès que les présents eurent passé, les tambours, les trompettes et plusieurs autres instruments commencèrent à jouer. C'était le signal pour les jeux et pour les combats, et au même instants les lutteurs, les gladiateurs et les escrimeurs se prirent ensemble.

« Les gardiens des bêtes féroces les lâchèrent sur de jeunes taureaux qu'on tenait assez proche ; ils en firent promptement un grand carnage. Après les combats vinrent les jeux d'adresse : trois cents cavaliers parurent des quatre côtés de la place, fort bien montés et richement vêtus. C'étaient pour la plupart de jeunes seigneurs de la cour ; ils s'exercèrent une heure au mail à cheval. On se partage pour cet exercice en deux troupes égales ; on jette plusieurs boules au milieu de la place, et on donne un mail à chacun. Pour gagner, il faut faire passer les boules entre les piliers opposés qui sont aux bouts de la place, et qui servent de passe; cela n'est pas fort aisé, parce que la bande ennemie arrête les boules et les chasse à l'autre bout. Le jeu veut qu'on ne les frappe qu'au galop, et les bons joueurs sont ceux qui, en courant à toute bride, savent renvoyer d'un coup sec une balle qui vient à eux.

« Le second spectacle fut des lanceurs de javelots; on l'appelle le *jeu du dard*, et voici comment on s'y exerce : douze ou quinze cavaliers se détachent de la troupe, et, serrés en un peloton, vont à toute bride, le dard à la main, se présenter pour combattre. Une pareille troupe qui se détache les vient rencontrer; ils se lancent les dards l'un à l'autre, et puis retournent se joindre à leur troupe, d'où il se fait un autre pareil détachement, et ainsi de suite tant que le jeu dure. Parmi cette jeune noblesse, il y avait une quinzaine de jeunes Abyssiniens qui excellaient en adresse à lancer le dard, en dextérité à manier leurs chevaux, et en vitesse à la course. Ils ne mettaient jamais le pied à terre pour ramasser les dards sur la lice, ni n'arrêtaient leurs chevaux pour cela; mais en pleine course ils se jetaient sur le côté du cheval, et ramassaient des dards avec une dextérité et une bonne grâce qui charmaient tout le monde.

« Dès que les ambassadeurs furent entrés, on

servit devant tout le monde une collation de fruits verts et secs et de confitures sèches et liquides. Ces collations sont servies dans des bassins de bois de laque contenant vingt-cinq ou trente assiettes de porcelaine; on place devant chaque personne un, deux ou trois de ces bassins, suivant l'honneur qu'on veut lui faire.

« A midi on servit le dîner. Chaque invité n'eut qu'un bassin. Il y a dans ces grands plats du pilau de cinq ou six sortes, et par-dessus du rôti de plusieurs façons en quantité. Quinze hommes, sans exagération, épuiseraient sur un tel plat la plus ardente faim. A chaque plat on donne une grande écuelle de sorbet, une assiette de salade et de deux sortes de pain. Le vin fut la seule boisson de toute la compagnie. Après le repas, le roi se retira sans dire un mot aux ambassadeurs et sans tourner la tête de leur côté; il ne leur avait pas adressé une parole pendant toute l'audience. »

Quelques jours après, l'envoyé français fut reçu de la même manière, et ne fut pas plus favorisé que son collègue de Moscovie. L'envoyé anglais eut le même sort.

L'audience de congé ne se fit pas attendre; le roi envoya des calates à tous les ambassadeurs et envoyés qui étaient à Ispahan; c'est la manière de les congédier. Les calates sont de diverses sortes : « Il y en a, dit Chardin, qui contiennent tout l'habillement jusqu'à la chemise et aux souliers ; il y en a qu'on prend dans la garde-robe particulière du roi et entre les habits qu'il a mis. Les ordinaires sont composées de quatre pièces seulement : une veste, une surveste, une écharpe et un turban.

« La qualité de la personne règle entièrement le prix et la qualité des calates qu'on lui donne. J'ai vu donner, en l'an 1666, à l'ambassadeur des Indes, une calate qu'on estimait cent mille écus ; elle consistait en un habit de brocart d'or avec plusieurs vestes de dessus, doublées de martre, garnies d'agrafes, de pierreries ; en quinze mille écus comptant, en quarante-trois beaux chevaux qu'on estimait mille francs la pièce, en des harnais garnis de pierreries, et une épée et un poignard qui en étaient tout couverts, en deux grands coffres remplis de riches brocarts d'or et d'argent, et en plusieurs caisses de fruits secs, de liqueurs et d'essences ; le tout s'appelait *la calate*.

« Comme un ambassadeur ne peut se rendre à la dernière audience sans être revêtu de l'habit donné par le roi, lorsque les Européens se présentèrent devant lui, il ne put s'empêcher de rire de leur air gauche et empesé sous ce costume auquel ils n'étaient pas habitués. Ce fut le seul incident de la réception. »

Chardin interrompt ici son journal pour donner une description générale de la Perse, qui ne tient pas moins de quatre volumes ; nous allons en extraire quelques notions sur les mœurs et les coutumes des habitants de ce pays. Du reste, nous devons faire remarquer ici que toutes les observations de Chardin, fort exactes à l'époque où il les écrivait, ne le seraient plus aujourd'hui si on les appliquait à la Perse moderne. Depuis cette époque, l'empire persan, ruiné par des guerres civiles et étrangères, a constamment marché vers sa décadence; les villes qui brillaient au dix-septième siècle d'une magnificence qui semble fabuleuse, présentent à peine aujourd'hui quelques traces de leur ancienne splendeur; les somptueux palais sont en ruine pour la plupart; et les hommes eux-mêmes, plongés dans l'apathie du fatalisme musulman, semblent avoir dégénéré. La partie chrétienne du pays, à de rares exceptions près, ne consiste qu'en Arméniens, qui, séparés de l'Église par un schisme orgueilleux, sont tombés dans l'ignorance et l'abjection. Il faut donc considérer les récits de Chardin comme un tableau fidèle de l'ancienne Perse, et chercher dans les voyageurs modernes la peinture de la Perse actuelle.

Les Persans sont grands, robustes, bien faits; ils ont le teint basané, les yeux vifs et spirituels. Leur imagination est vive, prompte et facile ; leur mémoire, heureuse ; ils montrent beaucoup de dispositions pour les sciences, les arts et la guerre.

Ils sont hospitaliers, civils et très-polis; ils ont le naturel simple et pliant, l'esprit plein de ressources et porté à l'intrigue. On leur reproche d'être très-vains, insensibles et même cruels, très-adonnés aux plaisirs, prodigues, enclins à la dissimulation, à la fourberie, au mensonge, à la perfidie, au parjure. Tous les voyageurs s'accordent sur ce point.

« Quels que soient les vices des Persans, ajoute Chardin, ce sont les peuples les plus civilisés de l'Orient. Les gens polis parmi eux peuvent aller de pair avec les gens les plus polis de l'Europe. Leur contenance est grave, affable et caressante. Ils ne manquent jamais de se faire des civilités pour céder le pas en se rencontrant; ils ne peuvent comprendre comment nous pouvons nous découvrir la tête pour faire honneur à quelqu'un, c'est là chez eux un grand manque de respect et une liberté qu'on ne prend qu'avec ses inférieurs ou avec ses amis. Ils observent la distinction de la droite et de la gauche, mais notre main gauche est leur main droite, comme dans tout l'Orient.

« Ils se visitent soigneusement dans toutes les occasions de joie et de tristesse, et aux fêtes solennelles. Les grands attendent alors la visite des gens de moindre qualité, à qui ils les rendent ensuite. Voici la civilité qu'on observe : l'on entre doucement, et l'on va se ranger près de la première place vide, où l'on se tient debout, les pieds serrés l'un contre l'autre, les mains l'une sur l'autre à la ceinture, et la tête un peu penchée devant soi, avec les yeux arrêtés dans une contenance grave et recueillie, en attendant que le maître fasse signe de s'asseoir, ce qu'il ne manque pas de faire promptement, avec un signe de la main ou de la tête.

« Il y a encore bien de la cérémonie dans la manière de s'asseoir. Devant les gens à qui l'on doit du respect, on s'assied d'abord sur les talons, ayant les genoux et les pieds serrés l'un contre l'autre. Devant ses égaux, on se met plus commodément; car on est sur son séant, les jambes croisées et en dedans, et le corps droit. On appelle cette situation *tchazzou*, c'est-à-dire s'asseoir sur quatre genoux, parce que les genoux et les chevilles sont plats à terre. A moins que l'on ne passe une demi-journée assis en un même endroit, on ne change jamais de posture. Les Orientaux sont beaucoup moins vifs et moins remuants que nous. Ils sont assis gravement et sérieusement, ils ne font jamais de gestes du corps, si ce n'est pour se délasser. C'est une grande incivilité parmi eux de faire voir le bout des pieds lorsqu'on est assis, il faut les cacher sous le vêtement.

« Quand un homme de qualité rend visite, il fait marcher devant lui un ou deux chevaux de main, menés en laisse, chacun par un domestique à cheval et à côté; il a de plus derrière lui un homme qui porte son narghilé (espèce de pipe), un autre qui porte une toilette de broderie, et un troisième uniquement pour l'accompagner.

« Les habits sont toujours faits de la même façon, de mêmes étoffes et de mêmes couleurs. Il existe encore dans le trésor d'Ispahan des habits de Tamerlan, qui sont taillés comme ceux d'aujourd'hui, sans aucune différence. »

Ceci était vrai du temps de Chardin; depuis cette époque, le costume a changé. Il se compose du *doué*, robe longue, serrée sur la taille et descendant jusqu'aux talons; elle est de soie, de coton ou de brocart; par-dessous est *l'arkhalik*, tunique d'indienne ouatée et piquée, croisée sur les reins, ne tombant que jusqu'aux mollets, ouverte sur la poitrine, la robe la cache; le *niraken* est la chemise, faite de soie, ou de toile de coton, ou de lin de différentes couleurs, très-courte, sans collet, fendue sur le côté et bordée d'un petit cordonnet de soie de couleur tranchée; le *zirdjamé* est un pantalon très-large en soie ou en coton, s'attachant sur les hanches et descendant jusqu'à la cheville; dessous on a des chaussettes; au logis ou quand on sort à pied, on porte des mules à hauts talons; quand on monte à cheval, on met des bottes qui atteignent au-dessus du genou. On entoure la ceinture d'un châle, dans lequel on passe un poignard, dont la poignée indique le rang et la richesse du personnage qui le porte. Chez les gens du commun, la robe de dessus ne va que jusqu'aux genoux. La couleur de tous les vêtements varie suivant la mode, qui est maintenant aussi mobile que chez nous; ils sont parfois doubles et garnis de fourrures. En hiver, on se couvre du *kourk*, espèce de large pelisse.

La coiffure générale des Persans, depuis le roi jusqu'au plus mince de ses sujets, est un bonnet de dix-huit pouces de haut, d'un noir foncé et fait de peau de mouton ou d'agneau; la dernière est la plus recherchée. La seule distinction réservée au roi, à ses fils et à quelques grands officiers de l'État, consiste en un châle entortillé autour du bonnet. Les Persans se rasent entièrement la tête, à l'exception d'une touffe de cheveux sur le sommet de la tête et d'une boucle derrière chaque oreille; pour la plupart ils laissent croître la barbe au menton et par tout le visage, mais courte et cachant seulement la peau. Tout récemment on a adopté pour l'armée un costume imité de celui des Européens, et qui se rapproche du nouvel habillement des Turcs.

Les Persanes sont grandes, droites, élancées, très-bien faites. Elles ont en général une belle chevelure, des yeux noirs très-fendus et très-expressifs, des traits réguliers. On peut leur reprocher d'avoir le visage trop arrondi, mais c'est une beauté extrême dans le pays, puisque les poëtes, pour faire un éloge complet d'une femme, la comparent habituellement à la pleine lune.

Leur coiffure consiste en un bandeau ou bonnet plus ou moins riche, qu'elles arrangent en forme de turban; les cheveux, disposés en une trentaine de petites tresses, flottent par derrière; ceux de devant sont rabattus sur le front, quelques mèches tombent sur les deux côtés des joues. Les femmes de la classe inférieure n'ont qu'un simple mouchoir mis sur la tête; le reste de l'habillement des femmes ne diffère pas beaucoup de celui des hommes; leur chemise, de soie rouge ou de toile de coton blanche, est recouverte d'une grande veste de satin ouaté qui descend jusque au-dessus du genou, et se ferme par devant au moyen de petits boutons; enfin elles portent encore une tunique sans collet, très-échancrée par devant, qui ne se ferme qu'avec trois boutons placés à la hauteur des hanches. Cette tunique courte est retenue autour du corps par une ceinture brodée, qui est ornée sur le devant d'une plaque d'or enrichie de pierreries. Les pantalons sont tellement ouatés, que les jambes ressemblent à deux colonnes informes.

Une femme ne peut se montrer dans les rues qu'enveloppée d'une sorte de linceul de toile de coton blanche; de plus, son visage doit être caché par un voile de même couleur; deux petites ouvertures sont pratiquées devant les yeux. Les Persanes aiment beaucoup les bagues, les colliers, les bracelets : l'artisan le plus pauvre est souvent obligé de se priver du nécessaire pour en donner à sa femme.

Quant à la nourriture des Persans, elle n'a rien de remarquable : ils mangent toutes sortes d'animaux, et plus particulièrement des végétaux. Le riz est l'aliment le plus commun. Le pain est mince comme de la galette. On ne boit d'ordinaire que de l'eau et du café; on a aussi des sorbets et des eaux de fruits et de fleurs. Le vin et les liqueurs enivrantes sont défendus par la loi musulmane; cependant il n'y a presque personne qui ne boive des liqueurs fortes. La tolérance à cet égard dépend de l'humeur ou du caprice du souverain.

Le titre ordinaire du roi de Perse est *schah* ou *padischa*, ou *padis paracha*; c'est le plus grand titre qu'on puisse donner en Asie; il répond à celui d'empereur en Europe.

Depuis Abbas Ier (1589), Ispahan fut la capitale de l'empire jusqu'au règne de Faty-Aly (1798), qui transporta sa résidence à Téhéran afin d'être à même de surveiller les mouvements des Russes sur la mer Caspienne. Les immenses ruines d'Ispahan attestent son ancienne splendeur. La description de Chardin présente le tableau animé d'une de ces cités splendides dont les merveilles sont retracées dans les *Mille et Une Nuits*; elle est malheureusement trop longue et trop détaillée pour que nous puissions la transcrire. Nous nous contenterons d'esquisser l'aspect général que présentent les ruines aujourd'hui. Les fureurs de la guerre ont respecté les colléges ; et une partie des anciens palais, parfaitement bien conservés, font contraste avec les nouveaux qui ont été élevés par les gouverneurs. Quelques-uns attirent l'attention par l'élégance de leur construction. Le devant est ordinairement ouvert ; il est supporté par des pilastres ou des colonnes sculptées et dorées avec une délicatesse exquise, tandis que les larges carreaux de vitres bariolés de mille couleurs ne laissent pénétrer dans l'appartement qu'un faible demi-jour. Devant chaque palais est un grand espace ouvert où se tiennent les domestiques, prêts à obéir aux ordres de leur maître, ordinairement assis près de la fenêtre. Les maisons particulières sont belles en général, mais d'un aspect monotone et triste, car elles sont toutes peintes en jaune clair. Cependant, comme les dômes des mosquées sont en tuiles vernies en vert ou en bleu, avec des ornements jaunes, bleus et rouges, la réflexion des rayons du soleil produit un effet piquant ; le sommet des dômes est couronné par une sphère surmontée d'un croissant doré dont les pointes sont dirigées en l'air.

L'édifice le plus curieux à voir est le palais des anciens rois, qui est renfermé dans une enceinte de murs de trois milles de circonférence.

Il est au milieu d'une cour immense, entrecoupée de canaux, et plantée d'arbres dans toutes les directions. Devant la façade se trouve un vaste bassin de forme carrée, de l'extrémité duquel le palais se présente sous un aspect dont il est difficile de peindre la beauté. Le premier salon s'ouvre sur le jardin, et il est soutenu par dix-huit colonnes toutes incrustées de glaces. Chacune a une base de marbre sculpté qui représente quatre lions posés de telle manière, que les fûts des colonnes ont l'air de reposer sur leurs croupes réunies. Le plafond est décoré de fleurs peintes en or, qui ont conservé leur éclat et leur fraîcheur. De là on passe dans une salle spacieuse et magnifique; le plafond est arrangé en dômes de formes très-variées, peint et doré avec goût et élégance.

Dans la salle de la façade on voit plusieurs portraits, dont les plus remarquables sont ceux de Tamerlan et de Gengiskhan. Les murs sont ornés de tableaux, de fleurs, d'animaux et d'oiseaux. Les autres appartements sont décorés de la même manière; dans quelques-uns on voit le portrait du roi, devant lequel les Persans s'inclinent toutes les fois qu'ils en approchent. Au-dessous des grands appartements, il y en a de souterrains qui doivent être délicieux dans les grandes chaleurs de l'été. Les murs et le pavé sont revêtus de marbre. L'eau y est introduite par des cascades qui tombent du rez-de-chaussée, et y répandent une fraîcheur délicieuse.

La place royale n'offre plus un aspect animé comme autrefois, il n'existe plus un seul des arbres qui l'entouraient. Les canaux, dont les pierres se trouvent encore en place, ne contiennent plus d'eau; les maisons qui en forment la façade ne sont plus habitées; de sorte qu'on ne voit plus autour de la place qu'une rangée d'arcades solitaires; enfin le nombre des habitants, de 600,000, est réduit à 200,000.

Pendant son séjour en Perse, Chardin eut deux fois l'occasion de visiter les ruines de Persépolis, qui depuis ont été explorées encore par d'autres voyageurs; d'après leurs récits, voici ce qu'elles offrent de plus remarquable:

Ces ruines, nommées *Tchehel-Minar* (les quarante colonnes) par les Persans modernes, présentent la forme d'un amphithéâtre et de plusieurs terrasses élevées les unes sur les autres, auxquelles on parvient par un escalier si commode, que dix cavaliers peuvent y passer de front. Au haut de chaque terrasse, on y voit des restes de portiques et des débris d'édifices avec des chambres qui paraissent avoir été habitées. Vers le fond, contre le rocher auquel ce monument était adossé, on remarque deux tombeaux creusés dans le roc; jusqu'à présent on n'a pas pu en découvrir l'entrée; tout est construit en marbre, sans chaux ni mortier, et cependant les pierres sont si bien liées, qu'il faut une attention extrême pour distinguer les jointures.

Les murs sont partout couverts de bas-reliefs et d'inscriptions; dans quelques bas-reliefs on voit le souverain donner audience aux grands de sa cour ou s'acquitter d'une cérémonie religieuse; ailleurs ce sont des animaux généralement fabuleux, combattant soit entre eux, soit avec des hommes. Les inscriptions sont en caractères qui ont la figure de coins, ce qui leur a fait donner le nom de cunéiformes. Ces caractères exercent encore de nos jours la sagacité des savants.

A quelques milles au nord est une montagne qui offre quatre tombeaux : Ker-Porter, qui pénétra dans l'un d'eux, reconnut qu'il avait été ouvert par violence. Dans le voisinage, six bas-reliefs offrent des sujets relatifs à la religion des mages et au triomphe d'un roi sur un ennemi vaincu. Des inscriptions en grec ne laissent aucun doute sur la destination de ces monuments : ils furent consacrés à perpétuer la mémoire des triomphes de Sapor Ier, qui régna de 240 à 271. Plus au nord, au milieu d'une plaine, est le tombeau de la mère de Salomon, disent les Persans. C'est un petit édifice carré avec un piédestal de marbre blanc d'une très-grande dimension. Les Orientaux lui ont donné le nom qui le distingue, par suite de leur habitude d'attribuer à Salomon tous les monuments dont ils ignorent l'origine. Il est plus probable, d'après l'opinion de Ker-Porter, que c'est le mausolée de Cyrus.

« Les vénérables ruines de Persépolis, dit Scott-Waring, ont beaucoup souffert des injures du temps, mais ce qui en reste est dur et impérissable comme le rocher même. Les tremblements de terre, si fréquents en Perse, ont renversé la plupart des colonnes et des salles ; ce qui en subsiste encore debout est découvert par le haut et se maintient dans cet état.

« Suivant les historiens grecs, Alexandre, à la sortie d'une orgie, mit le feu à ce palais. Mais il est difficile d'ajouter foi à ce récit après un examen attentif de ces ruines, puisque le feu ne pouvait produire la plus légère impression sur ces masses énormes et indestructibles. »

Tout porte à croire qu'elles ont appartenu à un temple et non à un palais, et que les salles renferment dans leur sein, ou que les nombreuses décombres recouvrent des objets extrêmement précieux pour les antiquaires.

II

AMÉDÉE JAUBERT

VOYAGES EN ARMÉNIE ET EN PERSE

1805-1806

M. Amédée Jaubert, qui avait fait partie de l'expédition d'Égypte en qualité de secrétaire interprète pour les langues orientales, fut envoyé, en 1805, auprès du chah de Perse, afin de former une alliance que le souverain désirait contracter avec Napoléon. L'envoyé avait de grandes difficultés à vaincre avant de pénétrer dans le pays : il fallait échapper aux agents de la cour de Russie et de celle de Constantinople, qui se seraient opposées à sa mission si elles en avaient eu connaissance. Ce fut cependant Constantinople qu'il choisit pour point de départ, et le 30 mai il commença à naviguer sur la mer Noire. Débarqué à Trébizonde, il partit avec un guide et deux domestiques et pénétra en Arménie; mais il lui fallait traverser la province de Sélivan, occupée par les Kurdes, tribus errantes, toujours prêtes à piller les voyageurs, ainsi que Jaubert en devait faire l'expérience. Le pacha de Bayazid le laissa sortir de cette ville et lui donna même une escorte; mais dès qu'il fut sur la frontière de Perse, une troupe de cavaliers s'empara de sa personne et de celles de ses compagnons ; tous ensemble furent ramenés à Bayazid. Le pacha les fit dépouiller de tout ce qu'ils possédaient et les fit jeter dans un souterrain du château. « C'était une espèce de caveau, de puits sec ou de citerne creusée dans le roc à environ trente pieds sous terre ; sa longueur était de seize pieds, sa largeur de cinq ; il n'y avait ni lit, ni table, ni siége ; un peu de paille fut, avec une cruche et une tasse placées dans un coin, tout ce que nous y trouvâmes. Enfin, comme si ce dénûment absolu et les malheurs qui nous menaçaient n'avaient pas suffi pour rendre notre situation déplorable, le cadavre d'un bey, assassiné récemment par ordre du pacha, gisait enseveli dans la terre sur laquelle nous étions étendus.

« Le matin, le geôlier chargé de veiller sur nous leva la trappe et nous descendit, au moyen d'une corde, un seau où étaient quelques onces de pain et un peu de lait aigre ; il promit de revenir tous les jours, au lever du soleil, à midi et le soir, nous en apporter autant. Tels furent, durant presque toute notre captivité, les aliments qui soutinrent notre misérable existence. »

Cependant Jaubert trouva bientôt un adoucissement à ses maux. Le chef de la citadelle était un vieillard bon et humain; il eut pour ses prisonniers tous les soins qu'il put leur donner sans effaroucher le pacha. Une femme de ses parentes venait les consoler presque chaque jour dans leur cachot, et, par son entremise, Jaubert écrivit au chah et lui fit connaître sa triste situation. Mais avant l'arrivée de la réponse, le pacha était mort; son successeur, peu effrayé de la missive du grand roi qui le menaçait de sa colère s'il continuait à retenir prisonnier un ambassadeur, ne voulut pas le mettre en liberté avant d'avoir consulté la cour de Constantinople, qu'il redoutait davantage. Ce nouveau pacha adoucit bientôt la rigueur de la captivité des prisonniers : il les fit sortir du cachot, leur fit donner de meilleurs aliments, et leur permit même de recevoir des visites. Enfin, les ordres de la Porte arrivèrent : ils portaient que les papiers et les effets de Jaubert lui seraient rendus, et que lui-même serait conduit au camp d'un général turc qui s'avançait vers la grande Arménie. Notre voyageur put donc, après six mois de dure captivité, prendre congé de son vieil ami le gouverneur, qui depuis fut dignement récompensé par le gouvernement français. Mais quoique libre, Jaubert était loin d'être satisfait, car pour aller au camp turc il fallait rétrograder et perdre plus de deux mois, soit en route, soit à attendre l'arrivée d'ordres le concernant. Son incertitude cessa le 1er avril 1806, jour où il quitta le camp et reprit sa marche vers la Perse, en ayant soin d'éviter la ville peu hospitalière de Bayazid. Le 4 mai il arriva aux portes de Khoï, première ville de l'empire persan; alors il n'eut plus rien à craindre; les officiers du prince, instruits de son arrivée, le traitaient avec les égards dus à son rang; une escorte d'honneur l'accompagnait et veillait à tous ses besoins.

A Ardebel, Jaubert trouva le prince Abbas-Mirza, second fils du chah, auquel il a succédé depuis; ce jeune homme, par ses questions, son avidité à apprendre, ses réflexions profondes, montrait un caractère rare chez les musulmans, peu soucieux en général d'augmenter leur instruction. Ces dispositions ne se sont pas démenties, et Abbas-Mirza a fait preuve sur le trône d'un grand caractère.

Le 5 juin, M. Jaubert entra à Téhéran, au milieu d'une grande foule attirée par la curiosité, car le voyageur avait pris ses vêtements français, et leur simplicité formait un contraste frappant avec la magnificence du costume des grands qui l'entouraient. Il fut logé chez le premier ministre, auquel on donnait le nom de *père des Français*, à cause de l'affection qu'il portait à nos compatriotes. Bientôt après il eut son audience de réception de Feth-Aly-Chah; voici en quels termes il la raconte: « Au jour fixé, les officiers envoyés par le prince vinrent me prendre au lever du soleil. Nous montâmes à cheval, précédés d'une cavalerie nombreuse et brillante, et de divers esclaves portant sur leurs têtes, dans des plateaux, les présents que j'avais été chargé d'offrir à la cour de Perse. Ces objets étaient couverts et dérobés aux regards du public par de beaux châles de l'Inde. Une double haie de soldats assis à terre, le fusil sur l'épaule, bordait les rues, qui me parurent sales, tortueuses et du plus misérable aspect. Les spectateurs se tenaient derrière, les terrasses des maisons étaient couvertes de femmes et d'enfants.

« Nous entrâmes dans la cour du palais, qui est très-spacieuse ; nous y vîmes des troupes, quelques pièces de canons, et des chevaux blancs appartenant au roi; la crinière, la queue et les jambes de ces animaux étaient peintes en rouge orange. Ce ne fut pas sans une secrète horreur que je remarquai, dans cette cour, un mât au haut duquel était exposée la tête d'un personnage de distinction qu'on avait récemment mis à mort. Nous parvînmes ensuite auprès d'une seconde porte construite en briques peintes et située à l'entrée d'une galerie obscure qui se prolonge jusqu'au salon des vizirs. Ce fut là qu'on me fit mettre pied à terre. Je fus reçu par le maître des cérémonies, tenant à la main une longue baguette d'or enrichie de pierreries. Cet officier m'introduisit dans le salon, où je trouvai plusieurs personnes de distinction. En attendant l'heure que les astrologues avaient désignée pour l'audience, on m'offrit le narghilé et des rafraîchissements. Lorsque cette heure fut arrivée, on me conduisit vers une longue avenue ornée de bassins. Une terrasse, sur laquelle s'élevait la salle d'audience, était soutenue latéralement par un mur de huit à dix pieds de hauteur ; du côté qui nous faisait face, la salle était ouverte comme le devant de l'un de nos théâtres. Nous nous trouvâmes, le maître des cérémonies et moi, à une telle distance du chah, que nous avions de la peine à le distinguer sur son trône. Nous fîmes le premier salut lorsque la ligne que formaient les bourreaux armés de haches et de cimeterres s'ouvrit pour nous laisser passer. Un peu plus loin étaient rangés un grand nombre d'officiers de la cour. Tous étaient vêtus d'écarlate, et se trouvaient plus ou moins près de la salle d'audience, selon le plus ou moins d'importance de leurs fonctions. Avant que nous fissions le second salut, le maître des cérémonies quitta sa chaussure, puis élevant la voix, il dit : « Prince plus grand que le ciel, roi des rois, ombre du Très-Haut sur la terre, le plus humble de tes esclaves amène au pied de ton trône resplendissant de gloire et refuge des peuples, un Français envoyé vers toi pour te présenter le salut et te porter une lettre contenant des paroles qui sont comme autant de perles tirées du fond de la mer de l'amitié. » Le chah, qui jusque alors était resté immobile, répondit : « Soyez le bienvenu. »

« Alors l'un des vizirs s'approcha de moi, et me

fit monter, par un escalier pratiqué sous la terrasse même, à la salle d'audience. Les murs de cette salle, formant un carré long, étaient ornés d'arabesques et d'inscriptions en lettres d'or appliquées sur un fond blanc. Deux hautes colonnes torses de marbre vert soutenaient, du côté de l'avenue, le faîte de l'édifice. Le jour pénétrait, de l'autre côté, au travers des vitraux de couleur offrant divers dessins d'une élégance et d'une délicatesse remarquables. Tout le parquet était couvert d'un tapis de cachemire. Le trône était porté sur plusieurs colonnes de marbre de sept à huit pieds de hauteur. Quatre autres colonnes revêtues de plaques d'or et d'émail, étaient placées au-dessus des premières et soutenaient un dais. Des milliers de diamants, de rubis, d'émeraudes et de saphirs, ruisselaient de toutes parts. Un soleil, figuré par un très-grand nombre de gros diamants, brillait derrière le chah, qui était assis, le dos appuyé sur un coussin de satin blanc brodé en perles, et vêtu d'une robe de même étoffe, sur laquelle retombait la longue barbe de ce prince. Des parements formés par un tissu de perles bordé de rubis et semé de roses et de pierres de couleur remontaient presque jusqu'aux coudes. Les épaulettes et la moitié du corps de la robe étaient couvertes d'un tissu de même genre; deux grands bracelets de forme ronde, travaillés en pierres précieuses, ornaient la partie supérieure de chaque bras. Le diamant auquel les

Persans donnent le nom de *Kouhi-Nour* (montagne de lumière) était enchâssé au milieu de l'un de ces bracelets; et celui qu'ils appellent *Dergai-Nour* (océan de lumière) enrichissait l'autre. Au lieu de turban, le chah portait une espèce de tiare, dont un tissu de perles, semé de rubis et d'émeraudes, formait le rebord. Une aigrette en pierreries était placée sur le devant de cette coiffure et surmontée de trois plumes de héron. Un collier composé de perles grosses comme des noisettes, les plus égales et de la plus belle eau qu'il soit possible de voir, croisait par devant sur le corps et en faisait deux fois le tour. Un poignard enrichi de pierreries était passé dans un ceinturon orné de belles émeraudes, auquel était suspendu un sabre entièrement couvert de perles et de rubis.

« Au pied du trône étaient rangés trois fils du chah et plusieurs jeunes pages, vêtus aussi de robes de satin et portant à leur ceinture des poignards enrichis de diamants. Chacun d'eux tenait à la main l'un des divers attributs du pouvoir suprême, qui étaient le sabre, le poignard, la massue, le javelot, le bouclier, l'aiguière et le bassin pour les ablutions.

« Parvenu à l'entrée de la salle d'audience, je saluai de nouveau le roi de Perse. La lettre dont j'étais porteur, renfermée dans un sac de brocart, lui fut présentée sur un plateau d'or. Le grand vizir, après avoir déployé cette lettre, en lut la traduction en modulant sa voix de façon à faire sentir le rhythme des phrases. Le chah, par une bienveillance toute particulière, me permit de garder mes bottes et même de m'asseoir à la persane vis-à-vis de lui.

« Avant la fin de cette audience, qui dura plus d'une heure, Feth-Aly-Chah ordonna qu'on me fît voir les jardins de son palais, faveur dont aucun étranger n'avait joui jusque alors. J'y fus conduit immédiatement; une haie très-épaisse et des murs construits en briques les entourent. Je ne vis, de quelque côté que je tournasse mes regards, que des arbres ou des arbustes chargés de fleurs. Tout flatte les sens dans ces jardins délicieux. De belles allées de platanes, entremêlés de buissons de rosiers et de jasmins, serpentent en tous sens. Elles sont ornées de grands bassins de marbre, du milieu desquels s'élèvent perpétuellement des jets d'eau qui retombent en pluie sur des plates-bandes de fleurs. Le platane, l'ormeau, le lilas et l'hortensia, croissent pêle-mêle, formant divers bosquets. Des ruisseaux dirigés avec art entretiennent sans cesse une végétation vigoureuse. Des volières cachées sous un feuillage épais, recèlent une multitude d'oiseaux. Enfin, les tulipes, les narcisses, les anémones, les œillets et diverses fleurs rares dans nos climats, éparses comme au hasard au milieu du gazon qui forme des tapis de verdure, réjouissent les yeux par l'éclat de leurs couleurs et embaument l'air de leurs suaves parfums.

« Le premier objet qui s'offrit à ma vue fut un kiosque d'une construction légère et hardie. Il était peint des couleurs les plus vives et garni d'un treillis doré qui réfléchissait au loin les rayons du soleil. Des peupliers verdoyants l'entouraient d'un autre côté. On découvrait à travers un massif d'aubépines et de saules une petite mosquée dont le minaret, d'une forme déliée, s'élançait au-dessus de ces arbrisseaux.

« Au sortir de ces jardins immenses, on me conduisit à la bibliothèque du roi, où l'on me montra plusieurs manuscrits précieux, et entre autres un poëme composé par Feth-Aly-Chah lui-même. De là je fus introduit dans l'atelier des peintres. Enfin, les yeux éblouis de toutes ces beautés, soit naturelles, soit artificielles, qui s'étaient offertes à ma vue, je retournai au palais du ministre. »

Tout le temps que Jaubert passa à Téhéran, il habitait ce palais; un grand nombre de seigneurs, guidés par la curiosité et principalement par le désir de faire une chose agréable au roi, lui rendirent visite, et il assista à plusieurs fêtes données en son honneur. Le temps où le chah devait aller passer la revue de ses troupes étant arrivé, et le jour du départ ayant été fixé par les astrologues, toute la cour fut avertie de se tenir prête.

« Les marchands, dit la narration, les ouvriers,

les artisans, et toutes les personnes qui devaient se rendre au camp pour y exercer leur profession, partirent en caravane, sur des chevaux, des chameaux, des mulets et des ânes, chacun portant avec soi sa tente, ses tapis et ses ustensiles. Au milieu de ce rassemblement d'individus d'états divers, on voyait des femmes placées dans des litières couvertes ou dans des paniers suspendus de chaque côté des chameaux; plusieurs étaient à cheval, se tenant à la manière des hommes, et cachées sous de grands voiles blancs qui de loin les faisaient ressembler à des fantômes. Enfin, les chevaux du prince, quelques éléphants, et un nombre prodigieux de bêtes de somme employées à porter les mâts, les cordages et les toiles de ses tentes, faisaient partie de cette caravane.

« Feth-Aly-Chah, accompagné de cinq de ses fils, de plusieurs ministres et d'un corps considérable de cavalerie, quitta Téhéran le 24 juin. Il montait un cheval richement caparaçonné et marqué de tous les signes réputés heureux chez les Persans. Douze officiers marchaient à pied autour de lui; il était précédé d'une troupe d'esclaves portant des réchauds remplis de bois résineux qu'on allumait pendant la nuit. »

Jaubert, atteint de la fièvre, fut obligé de s'arrêter en route. Le chah lui envoya son premier médecin, qui eut pour lui les soins les plus attentifs : soins qui étaient en quelque sorte expliqués par un événement funeste arrivé peu de temps auparavant.

« M. Romieux, adjudant-général, avait été chargé en même temps que moi (c'est Jaubert qui parle) d'une mission semblable à la mienne : il était parvenu à Téhéran, où Feth-Aly-Chah lui avait fait un accueil aussi honorable que celui que je reçus ensuite de ce prince ; mais peu de temps après son arrivée à la cour de Perse, M. Romieux était mort presque subitement.

« La valeur s'attire en tout lieu l'estime et l'admiration. Les Persans furent donc extrêmement touchés à la vue du corps d'un guerrier français tout couvert d'honorables blessures.

« Quoiqu'il fût chrétien, ils lui élevèrent un monument surmonté d'une coupole. Les Français qui visiteront Téhéran ne manqueront pas, sans doute, d'aller répandre quelques fleurs sur la tombe de leur compatriote. »

Grâce au traitement du médecin, Jaubert fut bientôt en état de rejoindre la cour à Sultaniéh où elle était campée. « Le camp, dit-il, était de forme à peu près circulaire. Les tentes du roi étaient plantées au centre, et s'ouvraient du côté de La Mecque. Le pavillon principal, servant de salle d'audience, était soutenu par neuf mâts de vingt-cinq à trente pieds de haut, surmontés de boules de cuivre doré, et distants d'environ dix pas les uns des autres. Des étoffes de soie brodées en or formaient les murailles de la tente, et de riches tapis couvraient le sol. Le monarque s'asseyait dans le coin du pavillon situé à la droite du spectateur.

« Les tentes royales ont ordinairement trois enceintes. La première ou l'extérieure consiste en une toile grossière fixée au moyen de cordes et de piquets ; la seconde est formée d'un taffetas de tissu serré ; la troisième se compose d'un réseau de rubans et de ganses de soie figurant divers dessins. Nul ne peut pénétrer dans cette espèce de sanctuaire sans la permission du souverain, dont les ministres attendent les ordres debout près de l'entrée de la tente ; une garde nombreuse veille constamment sur toutes les avenues : l'heure de l'audience est annoncée par les trompettes et les timbales. Tous les grands de la cour s'empressent de se rendre à cette cérémonie ; on punirait sévèrement celui d'entre eux qui négligerait de s'acquitter d'un semblable devoir. »

Le voyageur resta dans cette résidence quarante jours, pendant lesquels il s'occupa activement de l'objet de sa mission. Lorsqu'elle fut remplie, il obtint son audience de congé. « Le 12 juillet, dit-il, les deux vizirs qui devaient me conduire vers le monarque se rendirent le matin à ma tente ; on m'avait envoyé la veille le khalaat ou l'habit d'honneur ; il se composait d'une veste de brocart, d'une espèce de pelisse de même étoffe, d'une ceinture, d'un bonnet de peau d'agneau d'Astracan entouré d'un châle, d'un poignard et

3

d'un cheval richement caparaçonné. Il y avait aussi divers présents, parmi lesquels étaient un grand portrait du chah, des manuscrits persans, des étoffes et des chevaux.

« Aussitôt après l'arrivée des vizirs, nous montâmes à cheval pour aller au quartier du chah, que nous trouvâmes sous une tente assez semblable pour la forme à un grand parasol, et dressée au milieu d'un espace découvert sur lequel le soleil dardait ses rayons. Le prince était assis sur un tapis magnifique, et appuyé sur un coussin enrichi de pierres fines de diverses couleurs. Quelques officiers se tenaient à une certaine distance en dehors de la tente.

« Après les saluts d'usage, j'exprimai au chah, en termes respectueux, ma vive reconnaissance des bontés dont il m'avait comblé. Il me dit à plusieurs reprises qu'il désirait vivement d'entretenir des relations amicales avec la France et de voir arriver en Perse, soit pour y exercer la médecine, soit pour affaires de commerce, soit pour leur instruction, un grand nombre de Français; il m'assura qu'ils y recevraient l'accueil le plus distingué.

« L'audience dura plus de deux heures. Pendant tout ce temps, je me tins constamment debout, exposé à l'ardeur des rayons du soleil du midi; ce qui, dans l'état de faiblesse où je me trouvais encore, me causa un éblouissement tel qu'il me devint impossible de distinguer les objets environnants, et que je fus sur le point de perdre connaissance. L'officier placé près de moi, m'ayant vu chanceler, me soutint, puis on me conduisit à l'ombre, où je repris bientôt mes sens. Je retournai à ma tente ; le chah eut la bonté d'envoyer plusieurs messagers pour s'informer de mon état ; cette indisposition n'ayant eu aucune suite, je m'occupai des préparatifs de mon départ. »

M. Jaubert partit en effet le 14 juillet ; le 26 août il s'embarquait à Trébizonde, sans que son voyage eût été marqué par aucun incident digne d'être rapporté. Sa navigation sur la mer Noire ne fut pas heureuse, il manqua même d'être submergé par une violente tempête ; cependant le 30 octobre il débarqua à Constantinople ; de là il gagna le quartier général de l'armée française, d'où, après avoir rendu compte à l'empereur de sa mission, il revint à Paris en juillet 1807.

III

SIR JOHN MALCOLM

ESQUISSES DE LA PERSE

1800-1809

Deux fois ambassadeur de la cour d'Angleterre à celle de Téhéran, le général Malcolm a publié, sous le simple titre d'*Esquisses*, le récit de ses missions, et, pour conserver plus de liberté, il les fit paraître comme étant dues à la plume d'un de ses secrétaires. Ce n'est point un voyage suivi ni même un journal ; l'auteur se borne à jeter sur le papier les impressions qu'il reçoit, les observations qu'il fait, sans s'astreindre à un ordre quelconque, sans s'occuper de lier sa narration. Nous allons suivre son exemple.

Outre sa suite ordinaire de secrétaires anglais et persans, l'ambassadeur avait une nuée de valets et de coureurs. Ses équipages se composaient de cent mules pour les bagages et d'autant de chevaux de selle et de trait. Les nobles de la vice-royauté de Chiraz, prévenus de son opulence, se disputaient l'honneur de le recevoir ; les poëtes affluaient sur son passage, l'encensoir à la main.

Les plaisirs de l'ambassadeur étaient tout féodaux, comme son cortége ; c'était la chasse à la meute et au faucon : la chasse de l'antilope tient de ces deux modes ; la description qu'en fait notre auteur offre des détails assez curieux.

« Les chasseurs se postent dans une grande plaine, ou plutôt dans un désert, le faucon sur le poing et tenant des lévriers en laisse. L'antilope fuit à leur aspect avec la rapidité du vent. A l'instant les cavaliers s'élancent à sa poursuite, après avoir lâché les meutes. Si on n'en voit qu'un, on lance aussitôt les faucons ; si l'on en a découvert plusieurs à la fois, on retient les faucons jusqu'à ce que les chiens en aient relancé un isolément. Les faucons, rasant la terre, atteignent bientôt l'animal, et viennent tour à tour lui déchirer le museau avec leurs griffes ; ils le harcellent, le troublent, et ce manége donne à la meute le temps d'arriver. Bientôt les chasseurs, les chevaux, les chiens, l'entourent, le pressent, et il ne tarde pas à succomber sous leurs attaques combinées. »

Malheureusement, des tableaux plus sombres viennent parfois attrister les regards du voyageur. Les châtiments que la justice ordonne, ou qu'inflige la vengeance, sont d'une cruauté révoltante. La privation de la vue semble réservée aux personnes d'un haut rang, tandis que la bastonnade sur la plante des pieds est la punition des condamnés d'une classe inférieure.

Il arrive quelquefois que la perte de la vue contribue à la sécurité et au bien-être des condamnés; Malcolm en cite un exemple dans la personne de Réja-Kouli-Khan, qui, en sa qualité de gouverneur d'une province, l'accompagna à Chiraz. C'est à ses souffrances supportées pour la famille régnante qu'il devait son élévation, et c'est à son infirmité qu'il attribuait la stabilité de sa fortune. « Maintenant, disait-il, je vis dans une opulence et dans un repos auxquels les personnes qui jouissent de la clarté du jour sont complétement étrangères. Un déficit se fait-il sentir dans les revenus de ma province, porte-t-on contre moi des accusations vraies ou fausses qui exposeraient un autre gouverneur à la destitution, à la bastonnade ou même au dernier supplice, le roi se borne à répondre : « Ne me parlez plus de ce pauvre aveugle de Réja-Kouli; laissez-le tranquille. » Ainsi, je n'ai aucun motif de me plaindre, je suis mieux défendu contre les disgrâces par la perte de la vue que je ne le serais par les yeux les plus clairvoyants du monde. »

L'ambassadeur rencontra également sur sa route un gouverneur qu'il avait déjà remarqué en 1800 ; ce noble personnage, âgé de 68 ans, consommait, par jour, une quantité d'opium suffisante, suivant le médecin de l'ambassade, pour empoisonner trente personnes qui ne seraient pas habituées à cette substance.

« Il vint nous joindre, en 1809, dit le narrateur, avec toute la légèreté d'un jeune cavalier. Il avait quadruplé sa dose quotidienne d'opium, et se moquait des funestes prédictions du docteur. Il offrait, à 77 ans, un exemple remarquable de force et de santé. » Cet exemple exceptionnel ne prouve rien contre les dangers évidents qu'entraîne l'usage de l'opium.

Chiraz, capitale de la province de Fars, Chiraz, *le siège des lumières*, est la ville la plus intéressante du royaume. Près de ses portes, on voit le tombeau de Sadi et de Hafiz, les deux poëtes les plus populaires chez les Persans. Ses habitants se distinguent par leur instruction, leur urbanité et leur courage. Le parfum et l'abondance de ses roses ne sont égalés que par la beauté de ses habitants et par la mélodie des oiseaux qui peuplent les bois d'alentour ; ses vins délicieux sont célèbres même en Europe. Cette ville est la résidence d'un des fils du schah (1), vice-roi de la province. C'est là que l'ambassadeur fit une longue étude de l'art important de s'asseoir et de se lever, art difficile pour les Européens qui portent des pantalons collants dans un pays où l'on ne connaît ni chaises ni fauteuils. « Ce talent, dit l'auteur, est cependant moins essentiel que celui de fumer et de présenter le kellian (sorte de

---

(1) On écrit indifféremment *chah* ou *schah* ; nous avons suivi l'orthographe propre à chaque auteur.

pipe), d'offrir ou de prendre le café. Cette dernière science admet un grand nombre de distinctions plus ou moins honorables ou offensantes. On peut comparer ces nuances de politesses à celles que pratiquait un ambassadeur français à Londres pendant les dernières années du règne de Louis XV : ce diplomate prétendait avoir vingt manières différentes et raisonnées d'offrir une tranche d'aloyau. Vous faites un bon ou un mauvais accueil à un visiteur, suivant la manière avec laquelle vous l'invitez à fumer ou à prendre le café. S'il est votre supérieur, vous le présentez vous-même ; s'il est un peu au-dessous, et que vous désiriez lui faire une politesse, vous lui laissez fumer sa pipe ; mais vous donnez à l'un de vos gens l'ordre de lui apporter la première tasse. S'il est de beaucoup votre inférieur, vous prenez le café le premier, et vous faites signe à l'esclave de lui en servir ensuite. Offrir à ses hôtes une pipe et du café pour la seconde fois, c'est leur donner congé. Quant aux formules de salutation, elles ne sont pas moins diverses. Voilà celles dont ne s'écarte jamais un personnage de distinction à l'égard de son visiteur du même rang : il lui dit, au moment où il se présente : *Quel honneur vous me faites !* quand il s'avance dans la salle : *Combien vous ornez ce séjour !* en lui offrant les coussins : *Vous vous êtes donné bien de la peine !* quand il est assis : *Votre condition est-elle heu-*

reuse? enfin : *Vous serait-il arrivé rien de fâcheux?* »

Ce serait une erreur de conclure de ces détails que les Persans sont tous graves et cérémonieux. Ils aiment le plaisir, la gaieté, la familiarité de la conversation; la gêne accidentelle à laquelle l'usage les condamne ajoute un attrait aux amusements de leurs sociétés. Les princes et les grands, tout fiers qu'ils sont de la noblesse de leurs manières, s'attachent surtout à les rendre aimables et enjouées. On admet, on fête même, dans les cercles les plus élevés, les poëtes, les historiens, les astrologues. Il n'est pas rare de voir un grand seigneur s'effacer devant un homme de lettres qui contribue à l'instruction et à l'amusement de la compagnie; et ce dernier, plein de confiance dans les talents auxquels il doit cette distinction, justifie, par l'élégance de ses manières et l'agrément de sa conversation, ses droits à la place qu'il occupe.

Les Persans aiment beaucoup à écouter les récits de leurs conteurs, qui ont quelques points de ressemblance avec les improvisateurs italiens; il n'est pas absolument nécessaire de comprendre leur langue pour s'intéresser à leurs récits. L'un d'eux, voyant deux Anglais prendre congé de la compagnie au moment où il allait commencer, leur demanda la cause de ce départ. « Nous n'entendons pas le persan, lui dirent-ils. — Cela n'est pas nécessaire, répliqua le conteur, vous pouvez rester ; votre ignorance de notre langue ne vous dérobera pas à ma puissance. » Effectivement les deux auditeurs furent presque aussi enchantés du conteur que le reste de la compagnie, tant il avait mis d'âme et d'expression dans sa déclamation et dans sa pantomime.

Voici comment l'auteur peint le cortége de l'ambassadeur au moment où il quitta Chiraz :

« Neuf palefreniers richement costumés, sous la direction de l'écuyer en chef, conduisaient neuf superbes chevaux magnifiquement enharnachés, avec des selles et des brides ornées d'or et d'argent; suivaient huit coureurs, en tuniques de drap jaune brodées d'argent ; puis venaient l'ambassadeur et sa suite, escortés d'une nombreuse cavalerie, timbales et trompettes en tête. Une nuée de secrétaires et de valets marchaient sur les flancs. Au nombre de ces derniers se trouvaient des *paishkismets*, spécialement préposés à préparer les pipes pour l'ambassadeur et pour les nobles attachés à la légation. Les pipes et les accessoires étaient portés devant eux dans deux énormes caisses. La partie la plus curieuse de ce bagage était deux petits réchauds en fer remplis de charbon, suspendus à côté de leur selle, et qui servaient à allumer la pipe qu'ils présentaient à leurs maîtres au bout d'un long tube flexible. »

Les ambassadeurs étrangers sont considérés en Perse comme les hôtes du monarque ; toutefois ils ne sont pas hébergés aux dépens de celui-ci, mais aux frais des habitants des villages qu'ils traversent. La nombreuse caravane de l'ambassadeur semait partout l'alarme sur son passage; heureusement pour les habitants, l'ambassadeur refusait de recevoir gratis leurs provisions, et leur payait même le transport de ses bagages. Aussi marchait-il escorté des bénédictions de ces pauvres gens.

Le bourg d'Aklid est situé dans une belle vallée bordée d'un amphithéâtre de coteaux arrosés de ruisseaux limpides. Les jardins et les bois qui l'entourent donnent au voyageur l'idée la plus riante de ce pays. Malheureusement le charme cesse bientôt, car, à l'exception de quelques provinces voisines de la mer Caspienne, la Perse est un pays aride, où l'on ne voit pas une grande rivière, et où l'on remarque peu de ruisseaux qui ne soient à sec une partie de l'année. L'absence des grandes rivières rend les aqueducs nécessaires pour la culture des terres; leur établissement et leur entretien sont fort coûteux.

Bien que nous ayons parlé de l'aspect général d'Ispahan, il nous semble à propos de citer ce qu'en dit Malcolm.

« Rien ne surpasse la beauté et la fertilité des environs d'Ispahan, et l'on reste frappé d'admiration au premier coup d'œil que l'on jette sur cette ville. Les magnifiques avenues, les bois, les vergers, voilent ses ruines de leur riche verdure ; de près, l'illusion se dissipe ; mais quoique son antique splendeur soit éclipsée, il en reste encore de si merveilleux débris, que l'on écrirait un volume sur ses délicieux environs, sur ses palais, qui conservent d'admirables traces de leur ancienne splendeur ; sur son collége décoré de portes d'argent massif, sur ses ponts magnifiques, sur ses bains, sur les arcades majestueuses de ses bazars, sur ses fontaines, sur les rives si vantées de sa rivière et sur les jardins qui les bordent, ombragés de sycomores, et où abondent, en toute saison, les fruits et les fleurs de la zone tempérée. Quoique la cour ait abandonné Ispahan, et qu'une partie en soit presque déserte, elle est encore la première ville du royaume.

« Cachân est la cité la plus considérable qu'on rencontre entre Ispahan et Téhéran ; elle se distingue par la grosseur de ses scorpions et par la poltronerie de ses habitants. Lorsque Nadir-Schah revint de son expédition de l'Inde, il licencia son armée : on raconte que trente mille de ses soldats appartenant aux villes de Cachân et d'Ispahan demandèrent à ce prince une escorte de cent mousquetaires afin de pouvoir se rendre en sûreté au sein de leurs familles ! « Lâches, s'écria-t-il enflammé de colère, vous craignez donc qu'un brigand ne vienne vous dévaliser en masse ! N'est-ce pas un miracle, ajouta-t-il en s'adressant à ses généraux, que j'aie obtenu tant de succès à la tête de cet amas de poltrons ! »

Malcolm, dans l'ambassade de 1800, fit son entrée solennelle à Téhéran. Mais avant de pénétrer dans la ville, il fit aux superstitions persanes une concession qui le montre plus habile diplomate que chrétien fidèle : il consulta les astrologues sur le jour et l'heure à laquelle il devait en franchir la porte, pour assurer le succès de sa négociation. Les astrologues lui répondirent par écrit que tous ses vœux seraient accomplis, pourvu qu'il fît son entrée le 13 novembre, à deux heures quarante-cinq minutes après midi. Effectivement, sir John retarda sa marche et arriva juste à l'heure indiquée, à la grande satisfaction des Asiatiques attachés à la légation. Voici le tableau que l'auteur trace de la salle d'audience et de la personne du souverain.

« Le cortége fut introduit dans un jardin au milieu duquel serpentait un canal alimenté par un grand nombre de jolies fontaines. Ce jardin était percé de superbes allées, et de hautes murailles en formaient l'enceinte ; au pied de ses murailles, plusieurs compagnies de gardes, armés de fusils, étaient rangées en haies, et le long de l'avenue conduisant à la salle d'audience régnait une double ligne de princes, de nobles, de courtisans, d'officiers civils et militaires. Au milieu de la salle s'élevait le trône d'or sur lequel le *roi des rois* parut dans tout son éclat. Ce prince est de taille moyenne, on dirait qu'il n'a pas plus de trente ans, sa constitution est excellente, ses traits sont réguliers, sa physionomie annonce la vivacité et l'intelligence. Sa barbe fixa particulièrement notre attention; elle est épaisse, d'un noir foncé, et flotte sur sa poitrine. La richesse de son costume est au-dessus de toute expression; sur une tunique blanche ornée de broderies magnifiques, il porte un caftan de même couleur : le prince était couvert de pierreries d'une grosseur prodigieuse, dont l'éclat, se confondant avec les rayons du soleil qui dardait sur sa personne, éblouissait tous les regards. Après les cérémonies de la présentation, le schah daigna s'entretenir avec l'ambassadeur sur les mœurs et les usages de l'Angleterre, et notamment sur la condition des femmes de ce pays. »

Dans une seconde entrevue, la conversation roula sur l'étendue du pouvoir royal. Le schah, après avoir écouté attentivement les explications que l'ambassadeur lui donna sur la constitution britannique : « Votre roi, dit-il, n'est, je le crois, que le premier magistrat de son royaume.—Votre Majesté a parfaitement défini le caractère de la royauté en Angleterre. — Un pouvoir de cette nature doit être durable, mais il n'offre pas de jouissances; mon pouvoir, à moi, consiste à en user comme je l'entends. Vous voyez ici le premier ministre et plusieurs autres grands dignitaires du royaume ; eh bien ! je puis, à mon gré, couper la tête à tous ces gens-là. Est-ce que je ne le puis pas ? ajouta-t-il en s'adressant à eux. — Idole du monde, dit l'un des courtisans en se prosternant, rien ne vous est plus facile, si tel est votre bon plaisir. »

En Perse, le métier de roi n'est pas une sinécure : il donne deux audiences par jour ; à la première il reçoit les hommages de ses enfants, de ses ministres, des grands, des magistrats, des généraux, et accueille les étrangers de distinction qui lui sont présentés ; à la seconde, il travaille avec ses ministres et ses favoris.

Il est à regretter que Malcolm ait passé légèrement sur son ambassade de 1809. Le schah reçut celle-ci dans son camp de Sultaniéh. Au milieu de la plaine où ce camp est assis, s'élève, sur une éminence, un petit palais qui sert de résidence au schah et à quelques personnes de sa cour. L'armée était composée des contingents des diverses tribus militaires ; chacune d'elles a son quartier séparé ; cependant on n'avait pu éviter la confusion qui résultait de la réunion, dans le même local, des hommes, des bestiaux, des provisions, des bagages, etc., etc. Les tentes des cavaliers se distinguent par les longs éperons qu'on voit accrochés à l'entrée.

Au retour de son second voyage, Malcolm traversa le Kurdistan, l'ancienne Carduchia, fameuse par la retraite des dix mille, dont Xénophon fut l'historien et le héros. Cette contrée n'a pas été moins célèbre dans le moyen âge; c'est la patrie de Saladin, le digne adversaire de Philippe-Auguste et de Richard Cœur-de-Lion.

Le vol et le brigandage sont les principales occupations des Kurdes. La suite imposante de l'ambassadeur ne le sauva point de leurs déprédations; heureusement il eut la précaution de faire prisonniers neuf des plus notables habitants du canton où le vol avait été commis, et il les retint en otage jusqu'à ce qu'on lui eût restitué les objets volés et une somme égale à la valeur des effets qu'il fut impossible de retrouver. Le percepteur du canton fit l'avance de cette somme; l'ambassadeur relâcha ensuite ses prisonniers, et il les renvoya après leur avoir donné de petits cadeaux pour leurs femmes et leurs enfants.

Jennah, capitale de la province de Ardelan et de tout le Kurdistan, est bâtie au fond d'un entonnoir formé par d'arides montagnes : on ne l'aperçoit que quand on entre dans ses faubourgs. Les maisons en sont belles; les jardins, bien cultivés, offrent un contraste remarquable avec les déserts qui couvrent le pays. Malcolm y reçut l'accueil le plus respectueux. Le wali (chef de la province) envoya à sa rencontre ses deux fils, dont l'aîné, âgé de dix ans, paraissait doué de cette intelligence précoce qu'on remarque habituellement chez les enfants orientaux. Il rendit à l'ambassadeur sa visite et l'invita à dîner; ce dernier trouva, dans cette fête improvisée, ce qu'il avait cherché vainement au milieu de la cour de Perse, le mélange de la dignité d'un prince avec la simplicité patriarcale qu'on rencontre chez les peuples pasteurs ou nomades.

Sir John Malcolm termine ici ses esquisses et ne raconte pas même la suite du voyage, qui, sans doute, n'a rien offert d'intéressant.

VI

BUCKINGHAM

VOYAGE EN MÉSOPOTAMIE

1817

Le 27 mai 1817, Buckingham se joignit à une caravane qui d'Alep allait à Marden et à Mousoul sur le Tigre. Pendant les premières journées de marche, il rencontra plusieurs hordes de Turcomans, sur lesquels il donne de curieux détails.

« Leur manière de traiter la fièvre consiste à coudre le patient très-serré dans la peau toute chaude d'un bœuf, à le couvrir ensuite de couvertures et de tapis, enfin à s'asseoir sur lui jusqu'à ce qu'il soit en péril d'être étouffé. Ce brutal traitement, aidé de la robuste constitution du malade, le rétablit souvent. »

La ville de Bir (Birtha des anciens), où la caravane fit séjour, est située sur la rive orientale de l'Euphrate. Elle couvre une pente très-rapide, sur laquelle les maisons échelonnées et d'un blanc éclatant présentent un coup d'œil éblouissant, si on les considère de l'autre bord de la rivière, quand le soleil les frappe.

Les rues de Bir sont étroites, mais très-propres ; quelques maisons, enduites de plâtre et blanchies à l'extérieur, sont ornées de figures peintes, dans le goût turc ; au-dessus des portes on lit l'inscription fataliste *Machallad* (ce que Dieu veut) avec la date de la construction.

La caravane quitta Bir le 1er juin ; la description que Buckingham fait des plaines de la Mésopotamie confirme l'exactitude de celle que Xénophon en donna jadis dans son *Histoire de la retraite des dix mille.* « C'est une plaine immense sans aucun accident de terrain, et monotone comme une mer de sables. On y trouve beaucoup d'absinthes et de plantes aromatiques, mais point d'arbres. Ce désert est peuplé d'ânes sauvages, d'autruches et d'antilopes. »

Comme on ne trouvait plus ni villages ni tentes, la caravane était obligée de manger ses propres provisions. Buckingham décrit en ces termes le repas des voyageurs. « Notre souper se composait de froment bouilli et de pain chaud, cuit sur un feu fait avec du fumier de chameau, et trempé dans du beurre fondu. On fumait ensuite, on buvait le café ; chacun de nous prenait sa part d'un pain de sucre brut et de forme ronde, serré dans une boîte de fer-blanc. Tel était le repas ordinaire de l'un des plus riches marchands de

Mousoul (le chef de la caravane), et qui, outre sa nombreuse suite, nourrissait chaque soir vingt pèlerins. »

Le 2 juin, la caravane s'arrête ; elle reçoit l'hospitalité chez les Turcomans. Le passage suivant caractérise bien cette race d'hommes, qui contraste avec celle des Arabes.

« Les Turcomans ont le teint plus blanc, sont mieux vêtus et plus à leur aise que les Arabes des mêmes classes. Une étoffe blanche à larges plis leur sert de turban. Les hommes en général sont laids : leur figure est plate, ramassée ; les os des joues sont proéminents, les yeux petits et creux, le nez écasé, la bouche extrêmement large, le cou court, la barbe épaisse et d'un noir éclatant. Nous remarquâmes une jeune mariée qui conduisait un troupeau de chèvres et qui portait le plus brillant costume : un large pantalon de couleur écarlate, de petites bottes couleur chamois, une veste blanche et un tarbousch qui formait sur sa tête une draperie gracieuse. Son teint était parfaitement blanc, et toute sa personne respirait un air de propreté et d'aisance entièrement opposé à la négligence qui règne chez les femmes bédouines.

« Une partie de la caravane qui s'était avancée jusqu'à Orfah et qui avait laissé dans la plaine Hadji, le riche marchand, avec sa suite, lui envoya un souper somptueux composé de plus de cinquante plats différents ; deux mulets portaient de la glace, des fruits et des liqueurs.

« Le souper fut magnifique. Les conducteurs des chameaux dansaient autour du foyer ; les chansons barbares et la musique grossière de quelques voyageurs guidaient les pas des danseurs. Les chameaux, rangés en cercle et agenouillés autour de nous, formaient notre premier retranchement, renforcé par une ligne de chevaux et de bagages. Chacun de nous allait à son tour faire sentinelle. Cette nuit de plaisir passée dans le désert fut, je dois l'avouer, aussi joyeuse que les fêtes de nos plus brillants palais. »

La caravane entra enfin dans la ville d'Orfah et fit halte dans le vaste caravansérai nommé le *Khan des douaniers.*

« Nous nous trouvâmes aussi commodément logés dans cet endroit que nous aurions pu l'être dans la meilleure des maisons. Chacun de nous avait son logement particulier, composé d'une chambre à coucher et d'une autre petite pièce qui servait de salon pour recevoir ; mais le nombre de nos visiteurs nous forçait à donner audience en plein air.

« Notre salle de réception était une cour de plus de cent pieds carrés, toute pavée. Des deux côtés s'ouvraient les portes des bazars. Le troisième côté était occupé par des écuries ; tout autour régnaient de petites chambres et des escaliers qui conduisaient à des galeries ouvertes, formant le premier étage, où on avait établi une manufacture de coton imprimé. Une eau transparente traversait la cour. On descendait par des degrés de pierre vers le ruisseau, qui servait à la fois à abreuver les chevaux, aux ablutions des habitants, et aux besoins de la manufacture du premier étage. »

Le soir, Buckingham fut invité à un grand souper dont la description plaira à nos lecteurs : « Notre hôte, dit-il, était un de ces descendants privilégiés du prophète qui ont seuls le droit de porter le turban vert. Nous étions réunis chez lui au nombre de trente personnes, un peu avant le coucher du soleil. On nous reçut dans une très-belle chambre, dont le plafond était doré et le plancher couvert de divans magnifiques et de coussins de soie. Tout y attestait l'opulence du propriétaire. Deux fakirs indiens faisaient partie des personnes invitées. Ces hommes, attachés au marchand et nourris par sa munificence, connaissaient trop bien leur intérêt pour le quitter un seul instant. Quelques vêtements en lambeaux, mal assujettis par des cordes, les couvraient à peine ; une malpropreté dégoûtante et la vermine qui en ruisselait, blessaient à la fois les yeux et l'odorat. Ces convives incommodes, qui se vantaient de n'avoir pas fait leurs ablutions depuis trois ans, étaient placés sur le sofa, au milieu des invités les plus riches et les plus distingués.

« C'est un usage général chez les Turcs, et chez tous les peuples de l'islamisme, d'admettre les mendiants et les pauvres dans leur saleté habituelle, au milieu de la meilleure compagnie ; ils laissent même leurs domestiques passer la nuit à côté d'eux, couchés sur le même divan ; aussi la richesse et l'indigence sont-elles également exposées aux inconvénients produits par la malpropreté. On voit souvent le musulman le plus poli et le mieux élevé arrêter dans sa marche l'insecte qui s'est glissé sous l'étoffe brillante qui le couvre, souffler dessus et le faire voler dans la chambre. Les Turcs prétendent ainsi satisfaire à toutes les convenances à la fois : écraser un de ces animaux est à leurs yeux l'acte le plus révoltant du monde.

« Le souper fut servi sur un vaste plateau de cuivre orné de tous côtés de devises et d'inscriptions arabes, et contenant plus de quarante plats. Au centre était le pilau, entouré de mets de différentes espèces, de viandes cuites, de pâtes et de fruits. On nous servit plusieurs breuvages délicieux ; du lait et de la crème glacés, du sorbet fait avec des épices, du sucre et de la cannelle ; enfin, du jus de grenade frappé de glace et mêlé à l'eau de rose. La nappe était assez large pour couvrir les genoux des convives ; c'était une magnifique pièce de gaze de soie, de huit aunes de longueur sur une aune de largeur, et dont tous les coins étaient bordés en or. On nous présenta de l'eau dans une coupe d'argent, et nous allâmes prendre le café et fumer sur la terrasse de la maison. De cette élévation, qui dominait la ville et la plaine, nous découvrions un panorama de la plus grande étendue et d'une incomparable beauté.

« Après souper nous rentrâmes à notre logement, et là nous trouvâmes une nouvelle réunion qui s'était formée pour fêter le retour de Hadji-Abd-el-Rakhman. Les mendiants et les nombreux pèlerins auxquels cet excellent homme faisait l'aumône composaient l'assemblée, moins brillante que celle que nous venions de quitter, beaucoup plus bruyante et tout aussi amusante pour moi.

« Les principaux personnages qui figuraient à ce repas étaient deux pèlerins qui avaient passé à Jérusalem les fêtes de Noël. Ces pèlerins sont nommés par les Turcs *mokhoddesi*, tandis qu'ils appellent *hadji* les musulmans qui ont fait le pèlerinage de la Mecque. L'un d'eux s'appelait Isa, et l'autre *Abdallah* (l'esclave de Dieu).

« Isa était coiffé d'un bonnet pointu, orné de franges, doré sur les côtés et couronné de plusieurs sonnettes. L'aspect d'Abdallah était plus grotesque encore : nu jusqu'à la ceinture, il avait chargé sa tête de laine et de plumes de couleurs ; ses bras étaient tatoués de raies bleues en signe du saint pèlerinage qu'il venait d'accomplir, et pour achever de nous donner l'idée d'un sauvage Huron, il commença une danse bizarre, violente, mêlée de contorsions et accompagnée des sons d'une musique aussi barbare que son costume.

« Un joueur de tambour battait la mesure sur une marmite renversée; un autre musicien soufflait dans une longue canne qui lui servait de clarinette et qui était percée de six trous. Les auditeurs, charmés de cette harmonie, battaient des mains en mesure et complétaient l'étrange discordance de ce concert.

« Un jeune Abyssinien chantait des strophes arabes, alternativement avec un chamelier, et le chœur répétait à tue-tête les accents sauvages des deux enfants. »

Le lac d'Orfah, vénéré en mémoire du patriarche Abraham, qui naquit, dit-on, dans la ville du même nom, est peuplé d'une quantité innombrable de poissons, dont il est défendu de pêcher un seul. « J'y ai vu, dit le voyageur, des carpes de plus de deux pieds de long. C'est un acte méritoire de charité musulmane d'acheter des feuilles de figuier pour les jeter dans le lac. Bientôt ces feuilles sont couvertes de poissons. On n'exagèrerait pas si on portait le nombre des habitants du lac à vingt mille, et il est inouï, jusqu'ici, que le plus pauvre des Arabes ait commis le crime abominable d'en prendre un seul pour sa nourriture. »

La ville d'Orfah, l'Edesse des Macédoniens, occupe un espace de trois à quatre milles de circonférence : les maisons sont en pierre, les rues sont étroites ; cependant elles ont de chaque côté une chaussée pavée, et au milieu est un canal pour l'eau. Les bazars y sont nombreux et très-beaux ; les mosquées sont au nombre de quinze ; il y en a une ou deux dont le minaret est carré ; mais quant aux autres, les minarets sont de forme circulaire et ont le sommet couronné d'un cône aigu que surmonte un croissant.

Sur la plupart de ces monuments, un grand oiseau bâtit son nid avec des roseaux et des broussailles. Ce nid ressemble à la tête d'un petit arbre, et égale quelquefois la grosseur du minaret : c'est, dit-on, un oiseau de passage qui vient là au printemps pour élever ses petits, et y reste pendant l'été ; mais quand arrive l'hiver, il part pour un climat plus chaud. Le peuple nomme cet oiseau *hadji-legged* : *hadji*, à cause de son pèlerinage ; et *legged*, en imitation du bruit que produit le battement de ses ailes. C'est une très-grande espèce de cigogne.

La seule particularité du costume des hommes, c'est que les manches de la chemise, qui dans d'autres villes sont justes au poignet, ont ici un côté taillé en pointe et assez long pour toucher la terre. Quand on marche ou qu'on fait un usage quelconque de ses bras, on joint ces deux bouts de manche et on les attache autour du cou : toutefois les habitants les laissent tomber quand ils sont sur leur divan, et s'en servent souvent en guise de mouchoir ou de serviette. Les femmes ont des robes de dessus blanches et un voile de gaze noire empesée, qui se tient roide à quelques pouces du visage, et laisse plus de liberté à la respiration.

Lorsque la caravane fut sur le point de partir, on apprit que de nombreuses tribus arabes désolaient la contrée ; pour leur échapper, les voyageurs réclamèrent la protection d'un scheh puissant campé à cinquante milles de la ville ; il consentit à leur accorder du secours moyennant une forte rétribution. Avant de partir, Buckingham prit un bain à la mode du pays ; il termine son récit en ces termes : « Je restai une heure entière sous les mains du garçon des bains ; il fit craquer toutes mes jointures, pressa tous mes muscles et me rasa toute la tête, excepté les sourcils et la barbe, qu'il peigna et brossa à la mode du pays.

« Je me reposai pendant une heure dans une autre chambre où l'on m'apporta du café, des pipes et des sorbets. Je me remis au bain, où je fis un excellent repas. Le tout me coûta environ cinquante paras, moins de 1 fr. 25. c. »

La caravane partit de la ville d'Orfah ; des troupes de cavaliers qui traversaient de temps en temps la plaine lui donnèrent de fausses alarmes.

« Ce pays plat et couvert de sables est un véritable océan sur lequel on navigue à sec. Les collines les moins élevées se montrent d'abord à l'horizon comme des points imperceptibles et grandissent peu à peu à la vue, de même que les caps et les îles sous la lunette du navigateur; ces éminences servent aux Arabes de points de reconnaissance et de départ. Ce sont elles qui mesurent la route, qu'il serait impossible de calculer autrement.

« Le 17 juin, notre caravane arriva sur un plateau fort élevé, d'où l'œil s'étend sur l'immense plaine de l'est. Deux cavaliers accoururent vers nous au grand galop : c'étaient des Arabes appartenant à la tribu de Beni-Meilan, chargée d'arrêter toutes les caravanes pour leur faire payer la rançon accoutumée. Ils montaient de superbes chevaux fort mal harnachés ; leur costume ressemblait plutôt à celui des fellahs ou agriculteurs du pays qu'à celui des Bédouins. Ils portaient de vastes tarbousch, des turbans de mousseline blanche et une veste de serge, semblable pour la couleur, la forme et l'étoffe, au bornou blanc des Maroquins; seulement les manches en étaient larges. Pardessus ce vêtement, un cordon rouge leur servait de ceinture. Leurs armes étaient une épée, une paire de pistolets, et une lance très-légère, de douze à treize pieds de longueur. »

Les voyageurs se rendirent avec armes et bagages à ces deux envoyés du chef arabe, qui les conduisirent jusqu'à leur camp d'Elmazar.

« A peine avions-nous placé notre première tente, dit Buckingham, que nous vîmes arriver trois personnages de la suite du chef, montant de superbes chevaux magnifiquement harnachés. Nous nous levâmes à leur aspect et nous offrîmes à celui d'entre eux dont le costume annonçait la prééminence, les tapis et les coussins d'Hadji. Il s'assit, et les deux autres se placèrent à ses côtés. Tous les voyageurs présents, sans en excepter Hadji, s'agenouillèrent humblement et se tinrent accroupis devant eux en s'asseyant sur leurs talons, sans cesser d'être à genoux, hommage qui n'est rendu qu'aux personnes de la plus haute distinction.

« J'imitai d'abord mes compagnons et je gardai quelque temps cette attitude si gênante pour un Européen ; à la fin je me vis forcé de me lever et de sortir ; ce mouvement, considéré comme une grossièreté impardonnable, produisit dans l'assemblée une fâcheuse sensation.

« On voulut savoir quel était ce personnage si étranger à la civilité musulmane, qui ne pouvait rester pendant dix minutes assis sur la plante des pieds ; on fit sur mon compte les suppositions les plus opposées, mais Hadji crut devoir me défendre et déclara que j'étais Anglais et qu'il m'avait pris sous sa protection. Comme les Arabes ignoraient ce que c'est qu'un Anglais, il ajouta que j'étais un *Frangi* (un Franc, un Européen). « Ah! s'écria l'un d'eux, c'est un de ces gens qui viennent d'Ajam. Si telle est la vérité, je vais bien le savoir. » Aussitôt il fit apporter une tasse pleine d'eau, en me disant qu'elle appartenait à un Juif, et m'invita à la porter à mes lèvres; j'obéis. Il s'écria alors que j'étais un imposteur, puisque tous les Francs étaient ajamis, et que tous les ajamis aimeraient mieux mourir que de boire dans une tasse qui eût appartenu à un Juif.

« Je ne sais comment cet étrange assemblage d'idées était entré dans la tête de l'Arabe. Quoi qu'il en soit, tous ceux qui l'écoutaient restèrent convaincus de mon imposture. On me fit plusieurs questions sur l'Angleterre et sur l'Inde, et mes réponses ne firent qu'augmenter l'incrédulité de l'assemblée. Les musulmans considèrent le monde comme un vaste plateau environné par la mer; ils placent leur pays au centre et disposent les autres tout autour. Je n'essayai pas de faire cadrer mes réponses avec leur système de géographie; cela m'aurait donné trop de peine et m'eût exposé à me contredire; force me fut cependant de leur faire des concessions. Ainsi, je voulus bien avouer que le monde était bordé de deux côtés par la grande mer de Chine et par l'océan Pacifique, et que ses autres limites étaient la mer d'Yemen et la mer de Glace. On m'interrogea sur les peuples à têtes de chien, sur les arbres enchantés, en un mot, sur la plupart des fables regardées par la crédulité orientale comme articles de foi. Mes réponses furent encore moins satisfaisantes qu'elles n'avaient été, et je finis par perdre toute espèce de crédit auprès de la caravane ; on me prit définitivement pour un imposteur.

« Cependant les deux cavaliers qui nous avaient arrêtés s'occupaient des préparatifs nécessaires pour prélever sur chacun de nous la quote-part du tribut imposé à la caravane. Ils séparaient le bagage des chrétiens de celui des musulmans, et dictaient à l'un de nous la note exacte de tous les effets. On lut ensuite cette note au commandant arabe pendant que nous étions humblement agenouillés autour de lui, et que lui-même, affectant un superbe dédain, négligemment étendu sur le tapis, les jambes en l'air, prenait plaisir à insulter à notre humiliation. Enfin il condamna chacun de nous à payer une somme qu'il fixa à sa fantaisie ; pour mon compte on me demanda 5,000 piastres turques, mais, par l'intercession bienveillante de mon ami Hadji, ma rançon fut réduite à 1,000 (800 francs environ), dont l'honnête marchand voulut bien faire l'avance.

« Après nous avoir rançonnés, les Arabes du désert nous invitèrent à leur banquet.

« Nous fûmes reçus sous la tente du festin par

deux personnages qui paraissaient être d'un rang supérieur au chef même qui nous avait si brutalement traités. Ils étaient assis sur de riches coussins ; l'un d'eux, d'une corpulence extrême, vêtu d'étoffes de soie ornées de fourrures, portait un bonnet très-élevé. Nos génuflexions recommencèrent ; de gros chiens aboyaient après nous ; de petits enfants mal vêtus fixaient sur nous de grands yeux où se peignait l'étonnement ; et les rideaux de l'appartement des femmes, soulevés de temps en temps, attestaient leur curiosité.

« On prit d'abord du café ; aussitôt après, le repas commença ; il se composait d'une brebis entière, de deux agneaux rôtis, de deux moutons coupés par tranches et cuits dans de la bouillie, de gâteaux de froment tout chauds, et de caillé. On n'employait la cuiller que pour ce dernier mets ; tout le reste, même la bouillie, se mange avec la main. La farouche avidité de nos convives leur donnait l'air de bêtes fauves, dévorant leur proie à la dérobée. Nous n'avions pour serviette que nos vêtements ; ainsi la barbarie la plus grossière se mêlait au luxe le plus raffiné. On servit pour la seconde fois du café après le souper ; et, comme le coucher du soleil approchait, nous nous préparâmes au départ.

« Cependant un événement imprévu le retarda encore. Assis sous la tente du chef, nous nous croyions fort en sûreté, quand nous vîmes une bande de Turcomans passer dans la plaine. C'étaient des guerriers d'une autre tribu, qui voulaient profiter du moment où nous étions à table pour enlever à nos voleurs une partie de leur butin, et à nous le reste de notre bagage. Aussitôt tout le camp est sur le *qui vive*; les brigands qui nous avaient légalement détroussés, transportés de fureur à la vue des brigands sans mission qui venaient leur disputer leur proie, courent aux armes, et nous nous joignons à eux pour défendre les débris de nos propriétés. Le choc fut terrible et la bataille sanglante: les cavaliers, avec leurs épées et leurs lances; les fantassins, avec leurs mousquets, leurs pistolets et leurs dagues, firent un carnage effroyable.

« La mêlée dura plus d'une demi-heure, et pour ma part, je luttai corps à corps avec trois Turcomans et les mis hors de combat. Enfin la victoire nous resta, et la déroute de nos assaillants fut complète.

« A la nuit, nous songeâmes à regagner nos tentes. Comme j'étais à pied, on m'offrit une belle jument toute sellée, et on insista pour que je l'acceptasse. En mettant le pied à l'étrier, je laissai voir mon sabre, que jusque-là j'avais tenu caché. On voulut l'examiner, et malgré ma résistance on le porta au chef. Celui-ci témoigna le désir de s'en emparer; il me fit demander combien il m'avait coûté. Je lui fis dire que ce sabre m'avait été donné par un de mes plus chers amis, et que j'y tenais autant qu'à ma vie. Cette réponse fut prononcée du ton le plus déterminé, seul moyen que j'imaginasse d'échapper à cette nouvelle spoliation. En effet le chef y renonça ; mais il exigea que je lui fisse donner en compensation un autre sabre appartenant au neveu de Hadji. Je m'engageai à payer environ deux cents francs à ce jeune homme dès mon arrivée à Mardin.

« C'est ainsi que nous fûmes, dans toute la force du terme, *écorchés* par les Arabes du camp d'Elmaza. Nous retournâmes à nos tentes, fatigués des vexations de la journée et du combat que nous avions eu à soutenir. »

Les voyageurs arrivèrent dans le Kurdistan. Voici le portrait que Buckingham nous fait de ses habitants :

« Leur costume ressemble beaucoup à celui des Arabes-Bédouins : c'est une chemise très-large et très-longue, par-dessus laquelle on jette un caftan de coton blanc. Ils portent une ceinture de gros cuir ; leur coiffure est un petit tabousch rouge, autour duquel on roule un mouchoir de coton bleu. Un manteau de grosse serge blanche, couvrant leur tête et leurs épaules, les protége contre la chaleur du jour et contre la fraîcheur de la nuit. Les Kurdes n'ont pour arme qu'une épée et un bouclier ; l'épée est suspendue à un baudrier agrafé à leur ceinture ; au lieu de porter cette arme à la manière des Arabes et des Turcs, la pointe en haut, ils la portent à l'instar des Européens. Leur bouclier est composé d'une plaque de cuivre ronde, sculptée dans le milieu, bordée d'une frange de soie noire, et recouverte à l'extérieur d'un tissu de jonc artistement tressé; l'ensemble en est assez élégant.

« Rien de plus pittoresque que ces Kurdes, marchant à côté de notre caravane en chantant et en conduisant leurs troupeaux. Leurs manteaux légers, flottant au gré des vents, formaient un tableau bizarre et agréable. »

Le 22 juin, la caravane arriva à Mardin, où Buckingham fut reçu chez le patriarche syrien; et le lendemain, qui était un dimanche, il assista à l'office divin. Le patriarche, vêtu très-somptueusement, officiait devant un riche autel, chargé d'or, d'argent et d'une masse éblouissante de lumières. Comme dans l'église grecque, l'autel était voilé à certains moments de la cérémonie, et pendant l'élévation le peuple poussa de profonds gémissements, accompagnés du cliquetis d'une paire de cymbales, dont on jouait avec énergie derrière l'autel.

A Mardin, quand un mariage a été convenu entre les parties et que le jour de la célébration a été fixé, il est d'usage que les amis des deux familles se réunissent à la demeure du prêtre et rompent le pain devant lui; ce qui est considéré comme une confirmation de leurs intentions. Puis, à minuit, on conduit la fiancée chez son époux, et l'union des mains, accompagnée de prières, constitue la cérémonie du mariage. Buckingham assista à la solennité de la rupture des pains. « On en avait, dit-il, fabriqué trois grands dans le couvent ; on y avait appliqué le sceau bénit, et on les apporta sur un plateau couvert d'une étoffe brodée. Il se trouvait également sous cette étoffe un papier doré plein de beau sucre blanc. Le patriarche le bénit en y passant la croix enrichie de joyaux qu'il porte toujours. Chacun fit le signe de la croix, et quelqu'un ayant rompu le pain, on en donna un morceau, avec un peu de sucre, à tous les assistants. »

La ville de Mardin a environ deux milles de tour, et les maisons, placées en rangs superposés, ressemblent aux bancs d'un cirque romain. Toutes sont bâties en pierre ; elles sont petites et dépourvues d'ornements. Il y a dans la ville huit mosquées, dont trois seulement sont un peu considérables. Le minaret de la grande mosquée est un beau monument. Il se compose d'un fût circulaire qui s'élève sur une base carrée dont chaque face est ornée d'une large arcade en ogive.

Ennuyé du long séjour de la caravane à Mardin, Buckingham fit une excursion à Diarbekir. La route qui conduit à cette ville est très-dangereuse, les habitants n'ont d'autre métier que le brigandage. Le voyageur fut obligé de prendre pour guide et pour conducteur un nommé Hassein, l'un des brigands les plus déterminés du canton. Après être entré dans la maison de son guide, il alla rendre visite au chef de la tribu.

« Fidèle à l'esprit national, l'aga commença par lever sur moi une contribution arbitraire et m'a donné ensuite fort généreusement l'hospitalité. Le lendemain, au soleil couchant, nous aperçûmes les rives du Tigre et nous traversâmes le fleuve le surlendemain. Le premier aspect de Diarbekir est magnifique : située sur une hauteur, environnée de tours et de murs crénelés, cette ville montre de loin à l'œil du voyageur ses hautes maisons et ses mosquées majestueuses. Le paysage qui l'environne est riant et fertile. Une ligne de montagnes pittoresques règne à l'est du côté du Kurdistan ; des jardins, des ponts, des maisons de campagne environnées d'arbres touffus, embellissent le paysage ; et l'endroit où l'on passe le Tigre, au pied de la colline sur laquelle la ville est située, offre un mélange enchanteur de beautés sauvages, de richesses agricoles et de sites bizarres. »

Buckingham représente la ville de Diarbekir comme une des cités les plus opulentes de l'Asie. Après l'avoir visitée, il voulait revenir à Mardin, mais son guide fut arrêté pour dettes, et le créancier, afin d'assurer son paiement, saisit à la fois Hassein le débiteur, Buckingham et son cheval.

Le voyageur échappa à ce nouveau danger, et son retour s'effectua heureusement.

La caravane était partie la veille au matin pour s'avancer à marches forcées sur Mousoul; il la rejoignit à Nisibin, sur la rivière du même nom; il entra avec elle dans la plaine dangereuse de Sindjar, où le manque d'eau fit beaucoup souffrir les voyageurs. « Il était près de minuit, dit le narrateur, quand nous arrivâmes sur un sol marécageux, au milieu duquel coulait un ruisseau limpide dans un lit de hauts et épais roseaux, qui le cachaient tellement, qu'on entendait son murmure longtemps avant de le voir. Les chevaux étaient excessivement altérés; leur impatience que trahissaient leurs hennissements, leurs piétinements et leur ardeur à se précipiter tous sur un même point, nous donna le premier indice de l'eau qui était proche, et qu'ils avaient sentie, grâce à la finesse de leur odorat. Quand nous arrivâmes sur le bord, nous le trouvâmes si élevé, que les chevaux ne pouvaient pas atteindre l'eau en se baissant. Quelques-uns, plus impatients que les autres, se plongèrent eux et leurs cavaliers dans le courant, trois périrent dans la vase. Les chameaux marchaient patiemment sur le bord, ainsi que les voyageurs pourvus d'eau; mais les chevaux ne pouvaient être ralentis, même par les efforts les plus violents de leurs cavaliers, et ils se précipitaient dans le courant, ainsi que quelques hommes altérés. Cette scène terrible au milieu de la nuit, accompagnée des cris des animaux et des querelles bruyantes des hommes, dura plus d'une heure.

Ce fut le 16 juillet que Bagdad s'offrit aux regards de Buckingham. « Le soleil se levait, dit-il, quand nous arrivâmes à la porte de la ville, où se trouvaient des soldats d'infanterie destinés à former l'escorte du pacha, qui vint quelques moments après.

« Rien ne peut surpasser le respect mêlé de crainte qu'inspirait le passage du pacha. Il y avait près de la porte deux grands cafés dont les bancs étaient garnis de spectateurs; cependant on ne voyait pas une pipe allumée, pas une tasse de café versée, on ne disait pas un mot. Chacun se leva et fit une inclination de corps, en portant ses mains aux lèvres, au front et au cœur. Le pacha rendait ce salut avec grâce. »

L'intérieur de Bagdad présente moins d'objets intéressants que ne le pourrait faire espérer la célébrité que cette ville a acquise comme l'un des grands centres de la magnificence et des richesses de l'Orient. Une grande partie du terrain contenu dans l'enceinte des murs est vague et sans maisons. Près de la rivière on voit une grande quantité d'arbres, de sorte que la ville, vue du haut d'une terrasse, semble sortir d'un bouquet de palmiers.

Tous les bâtiments publics ou particuliers sont

construits en petites briques cuites au four, d'un rouge jaunâtre. Quant aux rues, elles sont étroites, non pavées et bordées de chaque côté d'un mur plein, car les fenêtres ouvrent rarement sur la voie publique, et les portes des maisons sont petites et basses. Le palais du pacha est un édifice plutôt vaste que beau ; comme il s'est successivement accru à des époques différentes, il ne présente qu'une masse confuse, sans aucun plan d'architecture.

Les mosquées sont construites dans un style tout différent de celui que l'on remarque d'ordinaire en Orient. Les dômes sont dans le goût persan ; démesurément étroits, leur hauteur excède de moitié leur diamètre, et ils sont richement ornés de peintures et de toiles vernies, ordinairement vertes et blanches ; l'éclat de ces couleurs donne aux édifices plus de gaieté que de majesté ou de magnificence. Les minarets sont en général surmontés d'une haute baguette verte qui porte un globe avec un croissant.

Les maisons se composent d'une suite d'appartements qui donnent sur une cour intérieure, et tandis que les chambres souterraines servent d'abri pendant les chaleurs intenses de la journée, les terrasses sont destinées au repas du soir et au repos de la nuit.

Une des singularités de Bagdad, c'est sa race d'ânes blancs que l'on fournit sellés et bridés aux

voyageurs pour aller d'une ville dans une autre.
Ces ânes sont fréquemment peints de différentes
couleurs ou marquetés en rouge d'une façon très-
grotesque, au moyen de la plante de henné.

Buckingham alla visiter les ruines de Babylone;
au moment où il examinait les immenses restes
de cette cité, le simoun soufflait avec violence.
« Nous nous couvrîmes alors le visage avec le
keftiah et le turban que chacun de nous portait;
nous mîmes nos lances en travers sur la selle
pour pouvoir nous pencher en avant, de façon à
éviter le soleil qui nous dardait sur le front; quand
une bouffée plus violente et plus chaude venait à
souffler du nord-ouest, nous nous tournions pour
ne la recevoir que dans le dos. Quand, au bout
d'une heure, nous eûmes atteint un abri, nos
vêtements étaient couverts de sable; une poussière
fine nous remplissait les narines et la bouche;
notre peau était sèche et fendue, et pour comble
de malheur il ne nous restait pas même assez
d'eau pour nous laver la bouche. Enfin, après
avoir bien cherché, nous trouvâmes une source
d'eau saumâtre, et nous nous désaltérâmes à
loisir.

« De retour à Bagdad, j'aimais à parcourir pendant les nuits du ramadhan les immenses bazars.
C'était alors une profusion de lampes et de
torches dans chaque boutique et devant chaque
café, qui me rappelait les descriptions des contes

orientaux. Un spectacle qui me plaisait davantage encore, c'était celui dont on jouissait à minuit, du centre du pont de bateaux sur le Tigre. J'étais là dans le silence le plus absolu et dans la plus entière solitude; mais je n'entendais loin de moi que des cris joyeux. Tous les bords du fleuve étaient illuminés aussi loin qu'on pouvait en suivre le cours, et sur les eaux on voyait, en outre, flotter des lampes allumées et des vases remplis de naphte en flammes. »

Buckingham termine sa description de Bagdad par la réflexion suivante, qui nous servira à compléter cet extrait : « La littérature est dans un si triste état à Bagdad, que je ne pus me procurer une copie des *Mille et Une Nuits*, dans une ville théâtre de ces récits merveilleux. En ce point, Bagdad est de beaucoup inférieure au Caire. »

V

FRASER

VOYAGE EN PERSE

1821-1822

Fraser, chargé d'une mission pour régler des différends survenus entre la cour de Perse et la Compagnie des Indes, débarqua le 8 juillet 1821 au port de Mascate, sur le golfe Persique. « Le soir de notre arrivée, dit-il, nous allâmes voir l'iman; il nous reçut dans un verandah qui avance sur l'eau, et sous la terrasse duquel, en signe de distinction, les bateaux nous débarquèrent; la chambre était proprement arrangée, et l'on nous avait préparé des siéges et une grande table que l'on couvrit bientôt d'une très-abondante collation de fruits, de confitures et de sorbets. On nous apporta le café avant et après le repas; il n'y avait d'autres personnes présentes que les ministres et des domestiques pour nous servir. L'habillement de l'iman était le costume arabe tout simple : une robe de coton blanc, ouverte jusqu'au bas de la poitrine, mais boutonnée au cou et descendant sur les chevilles, avec les larges manches arabes ; autour de la taille, une écharpe de coton rayée de bleu, dans laquelle était un poignard large et recourbé avec une poignée d'argent ; autour de sa tête, un mouchoir de coton rayé de bleu, bordé en vert, en rouge et en jaune, attaché lâche comme un turban ; enfin une épée de façon persane, renfermée dans un fourreau, était attachée à son côté. Le ministre était vêtu aussi simplement que son maître, à l'exception d'un châle qu'il portait à la ceinture au lieu d'une étoffe rayée.

Fraser reprit le cours de sa navigation et atterrit enfin à Bouschire, sur le territoire persan. La peur du choléra lui fit quitter la ville et dresser ses tentes dans le voisinage, jusqu'à ce que le mihmaeler (officier du roi chargé d'accompagner les voyageurs de distinction) fût arrivé, et le 11 septembre toute la troupe se remit en route.

« On ne peut se figurer, dit le narrateur, d'office plus désagréable que celui de diriger les mouvements d'un grand convoi en Perse, quand surtout il est composé d'éléments aussi hétérogènes que l'était le nôtre ; et il ne saurait y avoir un spectacle plus pittoresque qu'une telle caravane se mettant en mouvement.

« Le Persan, pour monter à cheval, met de très-larges pantalons de toutes couleurs, mais le plus souvent de drap rouge, qui enveloppent une grande partie de ses vêtements de dessous, et qui, liés autour des chevilles par une bande destinée à cet usage, peuvent être renfermés dans une très-lourde paire de bottes de cuir rougeâtre. Ces vêtements larges et informes donnent aux jambes du cavalier l'apparence de véritables paquets, apparence qui s'accroît encore de l'habitude qu'ont les Persans de bourrer les vides qui résultent de cet accoutrement avec tout ce que leurs poches peuvent contenir d'effets et d'objets divers. Le kaba (tunique extérieure) est retourné en devant, pour rendre les mouvements plus libres. Par-dessus on porte un baroni ou un oima. Le premier, qui n'appartient qu'aux hommes d'un certain rang, est un ample manteau à larges manches qui enveloppe toute la personne, et qui est fait, suivant le caprice de celui qui le commande, de drap, de châle, et même de velours, bordé de toutes sortes d'ornements depuis les plus riches fourrures jusqu'aux indiennes les plus communes, et brodé en soie, en argent ou en or. L'autre vêtement est plus généralement porté; il ressemble un peu à une amazone collant à la taille, du cou à la ceinture; il s'élargit ensuite en plis très-amples et bouffants au-dessous du ceinturon, et tombe jusqu'aux pieds; il est ordinairement fait de gros drap. Ceux qui ne peuvent se procurer ces habillements se garantissent du froid avec des manteaux de feutre, de gros drap du pays, ou avec des pelisses de peaux de moutons, qui ne leur descendent qu'aux cuisses. Les gens pacifiques se contentent de cet équipage ; mais la majorité, qui a des dispositions belliqueuses, porte un sabre, un fusil, des pistolets et un poignard ; chaque homme suspend encore à ses épaules, à son ceinturon et à d'autres parties de son costume, la corne à poudre, la boîte à cartouches et des réceptacles de toutes sortes de formes bizarres pour contenir des munitions ; les pistolets sont quelquefois dans les arçons, quelquefois à la ceinture ; le fusil est pendu au dos ; le bonnet de peau de mouton noir, planté sur la tête de diverses manières, est parfaitement de nature à faire ressortir les regards farouches du cavalier, dont la figure est encore rendue plus formidable par sa barbe épaisse et ses longues moustaches. Un Persan, dans un tel costume, perché sur sa haute selle, semble se regarder comme le maître de l'univers, et prend un air d'insolence que l'autorité de son supérieur peut seule abattre.

A sept heures du soir, à la lueur d'une lune éclatante, notre troupe, ainsi diversement accoutrée, se mettait en marche ; car les voyages en Perse, à cette saison de l'année, se font la nuit, pour éviter la chaleur et laisser paître à leur aise les bêtes de somme. »

Impatient d'arriver à Chiraz, Fraser quitta sa troupe, suivi seulement de quatre Persans, et s'avança à marches forcées. Pendant ce trajet il rencontra une tribu considérable d'Ils, qui passaient d'un pâturage à un autre, suivant leurs habitudes nomades. « L'aspect de ces gens était vraiment pittoresque ; ils chassaient devant eux de grandes quantités de bétail, de moutons, de chevaux et d'ânes. Ces derniers animaux portaient, avec de grossiers yabous (chevaux petits et forts), tous les biens de la communauté : tentes, vêtements, pots et chaudières, formant des chargements très-grotesques. Quelques enfants les conduisaient, pendant que les jeunes gens et les jeunes femmes allaient et venaient en grande agitation pour empêcher, avec l'aide de chiens d'une taille énorme, les animaux les plus vifs de s'égarer. Les femmes âgées, chargées des plus petits enfants, allaient lentement à pied ou montées sur les animaux ; on pouvait voir, perché sur le sommet des charges que portaient les bêtes de somme, un petit enfant qui ne parlait pas encore, mais tranquille comme chez lui, ne demandant et n'attirant l'attention de personne, et se cramponnant très-adroitement avec ses petits doigts quand sa patiente monture descendait un chemin glissant ou raboteux. Les hommes de la tribu marchaient d'un pas lent et grave sur les flancs et à l'arrière de la colonne, en surveillant les mouvements et tenant leurs armes toutes prêtes. La marche et l'ensemble de cette troupe étaient bien en harmonie avec la nature des bruyères sauvages qu'elle traversait.

C'était une tribu de bohémiens de la plus sauvage et de la plus pittoresque espèce.

« Leurs traits étaient aussi fortement caractérisés que leurs costumes ; leur peau offre une teinte foncée d'acajou qui approche souvent du noir. Les hommes ont une charpente osseuse robuste, des yeux noirs vifs ; le nez, généralement aquilin, tombe quelquefois sur leurs épaisses moustaches, qui, se joignant à leur barbe noire et touffue, cachent presque complétement leur bouche. Leur habillement se compose d'une chemise et d'un pantalon bleu, avec de lourds manteaux de feutre jetés sur leurs épaules et dont les manches restent flottantes. Ils portent ordinairement un fusil et quelquefois deux, jetés sur le dos en bandoulière, avec un grand couteau ou un poignard à la ceinture ; un sabre ou un bâton à bout de massue complète leur équipage.

« Les jeunes femmes ont tout à fait le caractère de figure des bohémiennes ; rien n'est plus disgracieux que leur costume, qui consiste en un pantalon déchiré, avec une large chemise de coton bleu ou d'un blanc sale, dont les bords ne dépassent pas le genou, et une espèce de mante qui retombe derrière le dos, et dont le capuchon est serré sur le front par un mouchoir ou une pièce d'étoffe que remplit l'office de turban. »

Fraser, parvenu à Chiraz, trouva cette ville désolée par le choléra ; il aurait voulu continuer sa route, mais il lui fallait attendre le docteur Sukes, chef de la mission, qui était resté en arrière. Dès que l'envoyé anglais fut arrivé, il fut reçu au palais par le prince. « L'on eut recours, dit Fraser, à tous les moyens pour rendre cette réception brillante et solennelle. Des soldats déguenillés et de chétifs esclaves furent arrachés à leurs paisibles occupations pour figurer en parade dans les cours de la résidence royale. Les acteurs s'acquittèrent si mal de leurs rôles, qu'ils étaient évidemment mis rarement en réquisition. Tout était calme et décent d'ailleurs autour du prince : c'est un expédient qu'emploient très-communément les souverains pour s'entourer de ce qu'ils regardent comme de la majesté. Il n'est pas rare non plus, quand des Européens de marque visitent les bazars, de voir toute la population réunie dans les lieux publics pour donner aux étrangers une haute opinion du pays, et l'on contraint alors les marchands à décorer leurs boutiques le plus brillamment qu'ils peuvent. »

Fraser prétend qu'une mendicité sans honte est le trait dominant du caractère persan, et à l'appui de cette assertion il cite le fait suivant qui se passa au moment où il quittait Chiraz.

« Un Persan qui avait quelque peu connu le docteur Sukes vint nous trouver. Il avait été autrefois gouverneur d'un district et avait acquis des richesses, mais on l'en avait dépouillé. Nous observions cet homme rôdant autour de nous, et faisant assidûment des offres de service ; enfin il attira notre attention, et nous lui demandâmes ce qu'il voulait. Il répondit qu'il était pauvre, inoccupé, et qu'il avait besoin de travailler. L'envoyé lui allégua que les gens de la mission étant au complet, ce qu'il désirait était impossible. Il ne se découragea pas, et le lendemain il vint dire à l'envoyé qu'il était en possession d'un titre de propriété sur une maison de Chiraz, dont il avait été injustement dépossédé par le gouverneur de la ville ; mais que, s'il parvenait à obtenir la permission de suivre la mission à Téhéran, il ne doutait pas que la considération que cela lui donnerait ne rendît efficace la pétition qu'il adresserait à la cour pour être réintégré. « Je le veux bien, répondit le docteur, je vous donnerai ce degré d'importance, et vous pouvez m'accompagner. — Bon ! je suis si pauvre, que je n'ai pas le moyen de me mettre en route. — Eh bien ! vous vivrez avec ma suite sans aucuns frais. » Il exprima une extrême gratitude et partit ; mais le jour suivant il revint, disant qu'il était très-embarrassé, car n'ayant aucune espèce de monture, il lui était impossible de nous suivre à moins qu'on ne lui en procurât le moyen. On s'arrangea donc pour que cet homme eût la jouissance d'un cheval, et le lendemain le docteur, en le lui apprenant, ajouta : « Soyez prêt pour ce soir, car je pars dans la nuit sans faute ;

êtes-vous content? — Pas tout à fait ; je suis encore très-embarrassé ; je suis un pauvre diable, et il m'a fallu mettre tous mes habits en gage ; ce qui fait que je n'ai pas de quoi me montrer décemment dans votre compagnie. — Et combien faudrait-il pour les retirer ? — Vingt-cinq tomans (le toman vaut à peu près trente francs de notre monnaie). — Oh! oh! mon ami, comptez-vous donc que je vais payer vos dettes et vous emmener à Téhéran par-dessus le marché ? — Par la faveur de mon maître, qui est tout bonté ! — Non, non, mon ami, c'en est trop, tâchez maintenant de vous débrouiller vous-même. »

Le 5 novembre la mission arriva à Ispahan ; le docteur avait fait le trajet avec beaucoup de peine, et le lendemain il mourut ; il fallut l'enterrer presque aussitôt, car il est contraire à toute étiquette qu'un mort reste dans un palais du roi, ne fût-ce que quelques instants. Fraser dut alors se charger de toutes les affaires, et fut tout de suite présenté au premier ministre. « C'était, dit-il, un vieillard très-cassé, ridé et décrépit de figure ; le blanc des yeux grand et maladif annonçait une mauvaise santé ; sa barbe, blanchie par l'âge, mais teinte en rouge, contrastait singulièrement avec ses sourcils noirs mêlés de quelques grands poils blancs. Son costume, composé de châles et de fourrures, était simple. Ce ministre était autrefois dans la plus humble position : il vendait des légumes et de la paille hachée dans Ispahan. Sa faveur vient de ce qu'à une certaine époque il nourrit tout un corps d'armée, quand les autres marchands avaient pris la fuite devant les énormes réquisitions qui les menaçaient, laissant leurs provisions dans leurs magasins. Il connaissait parfaitement tous les dépôts de blé, et y ayant enlevé tout ce que le roi demandait, il fournit à lui seul la réquisition entière. Le roi, en récompense, le fit surintendant du bazar. Il est très-habile, et passe pour un bon homme, quoiqu'il ait empoisonné, dit-on, plusieurs personnes ; mais en Perse une accusation de cette nature attaque légèrement le caractère d'un grand.

« Un incident survenu pendant notre résidence à Ispahan nous a prouvé combien légèrement ces gens, Persans et Arméniens, traitaient le crime d'homicide quand il s'agit de satisfaire leur passion dominante, l'avarice. Un de nos domestiques se promenait ivre, et rencontra quelques jeunes filles qui sortaient d'un bain public ; sans aucune provocation et comme en badinant, il plongea son poignard dans le corps d'une d'elles, et elle tomba comme morte. L'assassin fut pris sur-le-champ et entraîné pour que justice expéditive lui fût appliquée. On l'emmena tout d'abord devant le magistrat, qui, ayant appris que le coupable était attaché à l'ambassade anglaise, le renvoya à nous pour qu'il fût retenu en prison jusqu'à ce qu'on sût si la personne blessée survivrait ou mourrait, en ajoutant que ce serait pour lui une honte ineffaçable si un serviteur de ses hôtes était mis à mort sous son toit. Je refusai de le recevoir, en observant que nous ne voulions en rien intervenir dans la distribution de la justice, et il fut renvoyé en prison. La question fut tranchée dès le lendemain par la mort de la malheureuse, qui se trouva fille d'un séid, mais sa mère seule était vivante. Elle se réunit aux autres parents pour demander le sang du meurtrier. Bientôt, toutefois, on fit savoir qu'une somme d'argent pourrait être donnée en échange, et l'on demanda deux cents tomans (six mille francs) pour le prix du sang. Je répétai alors que je n'avais nullement l'intention de gêner le cours de la justice, et qu'ils pouvaient traiter cet homme comme ils le trouveraient convenable. L'atrocité de cette action était si révoltante, que j'aurais regardé mon intervention comme un outrage positif envers l'humanité. Cependant le magistrat arrangea l'affaire moyennant quarante tomans (douze cents francs), et les parents de la victime aimèrent beaucoup mieux cette somme que le sang inutile du meurtrier. »

Fraser se rendit à Téhéran, et lorsqu'il eut remis ses pouvoirs au chargé d'affaires de la Grande-Bretagne, il s'occupa des moyens d'aller au Khorassan, but principal de son voyage. Cependant, durant son séjour, il fit tout ce qui était en son pouvoir pour s'assurer si la valeur de la Perse n'avait pas toujours été exagérée, non-seulement de nos jours, mais encore dans des temps plus reculés. Toutes ses observations l'ont convaincu que ses richesses, sa magnificence, sa population, sa fertilité et même sa puissance comme nation, ont été estimées beaucoup au delà de la réalité.

Il ne semble pas difficile de se rendre raison de ces fausses impressions relativement à la Perse. L'Orient a de tout temps été décrit comme la terre de la richesse, du luxe et des magnificences; les premiers voyageurs et les contes orientaux nous en ont donné une idée éblouissante, et ces descriptions fantastiques prennent habituellement la Perse pour théâtre de leurs magiques splendeurs. On peut attribuer ces illusions à nos premières études classiques, où les souverains persans, Cyrus, Xercès, Darius, sont représentés suivis de myriades de guerriers rayonnants de pourpre et d'or. Les allusions que fait l'Histoire sainte à la puissance et aux richesses des rois mèdes y ont beaucoup contribué, et ces idées ont été en quelque sorte confirmées par les rapports des Européens qui ont visité la cour de ces monarques aux jours de leur grandeur. Les voyageurs modernes n'ont pas même rompu le charme, parce que presque tous, étant attachés à des missions d'apparat, n'ont vu le pays qu'en passant, et ont été trompés à dessein pour donner une fausse idée de la richesse du pays.

L'aspect général de la Perse n'est pas propre à faire croire à sa fertilité : l'eau est un bienfait rare ; les rivières y sont petites et peu nombreuses, et les ruisseaux ne peuvent alimenter qu'une très-faible quantité de culture. Dans les meilleurs districts, la portion de terre cultivée ressemble à une oasis dans le désert, et sert, par le contraste, à rendre plus désolé ce qui l'entoure. Les plaines et les montagnes sont également dépourvues de bois. On ne voit d'arbres que dans les jardins des villages ou sur le bord des rivières, où on les plante pour fournir le bois de charpente. Ce sont principalement des arbres fruitiers, le tchinac ou platane oriental, le peuplier, et le cyprès. Pour se figurer un paysage de la Perse, et même de tout le pays qui la touche au nord et à l'est, l'esprit doit s'attacher à se dépouiller de toutes les images qui donnent de la beauté et de l'intérêt aux campagnes d'Europe. Tout y annonce que l'homme ne vit en ce pays que pour lui seul et dans la crainte de son voisin.

Quand le voyageur, après avoir marché dans les montagnes de rochers qui séparent les plaines, regarde le pays qui s'étend au-dessous de lui, son œil erre sans un point de repos sur un espace d'un brun monotone qui va se perdre à l'horizon, ou qui est borné par des montagnes bleuâtres, comme celles qu'il lui a fallu gravir. Telle est la scène qui, de journée en journée, de marche en marche, se présente invariablement à celui qui voyage en Perse. Le curieux ne sera pas moins désenchanté par l'aspect des villes que par celui des campagnes de l'Orient. Accoutumé à joindre aux noms d'Ispahan, de Bagdad, de Chiraz, et d'autres villes célèbres dans l'histoire, tout cet appareil éblouissant de colonnes, de minarets et de coupoles, comment serait-il préparé au spectacle de misère, de saleté et de ruines que la plus belle de ces villes va présenter à sa vue? Il pénètre d'ordinaire dans ces cités par une ruelle étroite et creuse, escarpée et en désordre comme le lit d'un torrent, bordée de murs de terre en ruines et d'enclos qui cachent le peu de verdure que présentent les jardins. Il faut qu'il marche entre les débris des vieux édifices et les trous d'où l'on retire l'argile des briques destinées à en construire de nouveaux; enfin il touche aux murailles délabrées de la ville; et entrant par la porte au-devant de laquelle errent quelques gardes à la mine chétive, il se trouve dans une confusion de décombres aussi déplorables que celles qu'il a traversées hors des murs. C'est en vain qu'il cherche des rues, à peine voit-il une maison. La masse de boue sèche qui l'entoure est percée de trous qui ressemblent plutôt à des fourmilières géantes, ou à des terriers de lapin, qu'aux demeures de l'homme; car ce ne sont jamais que les habitations du pauvre qui frappent ses regards. Les maisons des grands sont toujours soigneusement dérobées aux regards par de hauts murs de terre ou de briques d'une apparence fort peu agréable, et tout autour, même jusqu'à l'entrée, sont entassées sans ordre les misérables huttes des habitants pauvres. D'étroits passages, à peine assez larges pour un âne chargé, en font le tour, et donnent accès aux demeures de toutes les classes. On ne cherche nullement à niveler les sentiers qui montent indifféremment sur tous les obstacles et descendent dans toutes les cavités, réduisant ainsi le passant à grimper dans les ruines, à donner du pied contre les pierres des tombeaux, au risque de se rompre le cou dans les trous, la nuit principalement, car il n'y a aucun moyen d'éclairer une ville dans ces contrées.

Vue d'un point élevé, une ville de Perse est un objet sans intérêt : les huttes de terre se confondent avec le sol; les maisons, même celles des grands, ne dépassent pas un étage, et les hautes murailles qui les ceignent et qui n'ont pas une fenêtre pour les animer sont de l'effet le plus triste. Il y a peu de dômes et de minarets, et ceux qui subsistent sont rarement élégants ou riches. Le coup d'œil général est une succession de toits plats et de longs murs de terre entremêlés de beaucoup de décombres. Cette monotonie n'est un peu détruite que par les jardins de tchinacs, de peupliers et de cyprès.

A ces réflexions sur l'état physique du pays, Fraser ajoute celles que lui inspire l'état moral du peuple, qu'il est loin de dépeindre avec des couleurs favorables. L'avarice est le trait dominant du caractère général; le souverain même porte cette passion à un point excessif, et notre auteur en cite plusieurs traits remarquables.

« Un jour, Feth-Aly-Chah était dehors avec un de ses ministres, et en se promenant il trouve une roupie; il la ramasse et la montre au ministre en disant : « Vous êtes un homme habile; eh bien ! connaissez-vous un moyen de faire de cette pièce mille tomans? » Le ministre répondit que cela excédait sa pauvre intelligence; mais le roi, ah! le roi, il était sûr de sa toute-puissance, et sans nul doute cela se ferait si Sa Majesté disait un mot. Le roi appelle un valet, et lui ordonne d'acheter des pommes pour la valeur d'une roupie : il eut en échange de sa pièce soixante pommes. Il en envoya alors trois ou quatre à plusieurs des nobles et des grands officiers de sa maison, sans en excepter le ministre lui-même, et chacun de ces personnages était tenu, par l'étiquette, de répondre par une offrande considérable pour le roi et par un cadeau pour le messager royal. Seize cents tomans furent recueillis de cette manière;

plus de trois cents furent distribués aux messagers, puis le tout fut encaissé par Sa Majesté, qui répartit seulement dix tomans entre ses envoyés.

« Un autre jour, il prépara de ses propres mains une grande quantité de marmelade de grenades, et il en fit ensuite le même usage que des pommes; le moindre objet, le poisson, le gibier, devient ainsi tour à tour l'instrument dont il se sert pour satisfaire son avarice. »

Parmi tous les jours de l'année, le plus beau pour l'avare Feth-Aly-Chah est sans contredit l'*ide-i ro-noze*, la fête du nouvel an, qui arrive toujours à la fin de mars ou au commencement d'avril; car alors le roi reçoit en présents de toute nature une somme évaluée à 120,000,000 de tomans (1).

Voici le détail de la cérémonie tel que le donne notre auteur : « Le jour du nouvel an fut annoncé par une décharge d'artillerie, et tout aussitôt le peuple commença à se livrer à ses réjouissances, dont les apprêts se faisaient depuis quelques jours. Les boutiques avaient déjà déployé un éclat inusité et étalaient une grande variété de fruits dorés, d'œufs peints, et de confitures de toutes les couleurs. On voyait à peine un vieux bonnet ou un

(1) Nous copions le chiffre de la narration, mais nous craignons qu'il n'y ait une erreur, car cette somme représente trois milliards six cents millions de notre monnaie.

habit usé, chacun ayant revêtu les costumes neufs qu'on se fait faire exprès. Des vases de terre ornés d'abondants jets de froment ou d'orge, des corbeilles de narcisses en fleur, et des bouquets de violettes se voyaient dans tous les appartements. De grands bassins de confitures, de fruits confits et de sorbets étaient présentés à chaque visiteur. De nombreuses troupes de vieillards et de jeunes gens se rencontraient de toutes parts et s'embrassaient sur les deux joues; enfin les mots : « Que votre fête soit heureuse! » sortaient de toutes les bouches. Ainsi se passe le premier jour.

« Le second, environ deux heures avant midi, les personnes qui devaient aller à la cour commencèrent à se réunir dans la place devant le palais du roi, chacun portant le khilât ou vêtement d'honneur qu'il avait reçu. Comme la saison n'était pas chaude, tous étaient enveloppés de manteaux bordés de fourrures; mais l'éclat des brocarts éblouissants ou des robes semées d'or était toujours visible quand le vent dérangeait le manteau. Plusieurs de ces grands personnages, qui trouvent à peine dans leurs maisons le plus magnifique tapis assez bon pour s'y asseoir, se faisaient ici sans façon un siége avec la pierre nue de la plate-forme qui est en face du palais. Quelques-uns des grands qui étaient arrivés coiffés de leur simple bonnet noir, étaient suivis de domestiques portant leurs turbans sur des bassins d'argent couverts d'un riche brocart.

« Quand approcha l'heure de la venue du roi, les manteaux furent jetés de côté et les hauts turbans mis à la hâte. Les maîtres des cérémonies placèrent les assistants dans leur ordre, ce qui se fit sans trouble ni confusion; et les domestiques du roi commencèrent à faire sortir de la place tous ceux qui n'avaient aucun droit à l'honneur d'y rester. Leurs longues baguettes n'étaient pas oisives, et malheur au dos des retardataires! Vis-à-vis de la salle ouverte du palais où se trouvait le trône, était un beau bassin artificiel rempli d'eau limpide, avec plusieurs petites fontaines, et au même niveau étaient servis, sur un long tapis de brocart, des vases d'or et de porcelaine remplis de sorbets. Devant les vases et sur le tapis étaient rangés les principaux moullahs, sur une double ligne très-serrée qui faisait face au trône. Sur chaque côté du bassin et à angle droit avec les moullahs, un rang de princes de la famille royale s'étendait presque jusqu'aux piliers de la salle.

« Trois volées de pierriers portés par des chameaux annoncèrent l'arrivée du roi. Il s'avança du fond de la salle, et, montant avec précaution les marches du trône, s'assit avec une grande affectation de dignité. Il était somptueusement vêtu d'habits couverts de perles, de diamants et d'autres pierres précieuses. Son ceinturon, large de deux pouces et demi environ, était une rivière de diamants, et le bord inférieur était un rang d'émeraudes pendantes ; sa poitrine, ses épaules et son dos étaient revêtus d'une maille de perles et de joyaux, et sa couronne, complétement couverte de ces mêmes ornements, était surmontée de plusieurs épis de diamants.

« Au moment où il parut, et une seconde fois quand il s'assit, il fut salué par tout le peuple qui se prosterna en masse. Un instant après qu'il fut assis, il dit à haute voix : « Que la fête soit bénie ! » et l'assemblée répondit : « Que la fête soit propice au roi des rois, s'il plaît à Dieu ! » puis les moullahs lurent une prière qui était plutôt une louange, et elle fut suivie d'une pièce de vers du poëte lauréat. Quand on apporta la pipe du roi, une distribution d'argent fut faite aux moullahs, qui se retirèrent ensuite.

« On passa alors du sorbet aux assistants, et trois éléphants mal harnachés et peints de couleurs voyantes furent amenés pour rendre hommage à Sa Majesté. Plusieurs petits princes étaient debout au pied du trône, et une petite fille habillée en garçon, et que le roi aimait beaucoup, voulut monter sur un des éléphants.

« Une poignée de pièces d'argent fut distribuée à chaque personne présente. Alors le roi se leva de son trône ; et descendant avec plus de précaution encore qu'il n'en avait mis à monter, il disparut par la porte où il était entré.

« Ceux qui ne peuvent pas fournir en argent comptant le présent dont nous avons parlé, et qui est proportionné au rang de celui qui le fait, paient leur tribut de quelque autre manière : marchandises, châles, chevaux, bijoux, rien n'est refusé. Ce jour-là n'est pas le seul où le roi fasse cette récolte. Il y a toujours quelque demande de faveur qui n'arrive au pied du trône qu'accompagnée de présents. Le roi a, du reste, besoin de beaucoup de revenus, car ses dépenses sont très-élevées : il lui faut entretenir la famille royale, pourvoir à la fourniture du khelât et des présents, assurer les salaires de tous les officiers de la couronne, qui ne sont défrayés par aucun gouvernement de province, et payer les troupes de sa maison. »

Revenons maintenant à notre voyageur, que nous avons laissé faisant ses préparatifs de départ. Il se décida à se donner pour marchand, car nul habitant n'aurait voulu croire qu'il voyageât par curiosité. En conséquence, il se munit de ballots de marchandises, d'une petite pharmacie qui pouvait lui être très-utile, car la profession de médecin, que les Orientaux attribuent toujours aux Européens, les a souvent entourés de respect au milieu des situations les plus difficiles ; il avait avec lui un interprète persan et cinq domestiques, tous bien armés et disposés à repousser une attaque de bandits. Le 19 décembre, la petite troupe quitta Téhéran, et le 7 janvier suivant, elle se réunit à une grande caravane composée de cent cinquante hommes et d'autant de chameaux, qui se mit en marche le 11, à dix heures du soir.

« Le départ et la marche d'une kafilah considérable dans des circonstances comme celles où nous étions placés (la peur d'être attaqués par une bande nombreuse de Turcomans, qui, disait-on, rôdait dans le voisinage), et quand elle est bien dirigée, est un objet intéressant et pittoresque. Les différents détachements se rangent sous les ordres du kafilah-bâchi, et prennent dans cette grande procession leur place dans un ordre parfait. Les chameaux sont rassemblés en une masse aussi compacte que le permet la nature du sol ou l'état du chemin : les voyageurs sans armes sont au centre; les cavaliers armés sont placés sur les flancs, à l'arrière ou en tête, et plusieurs sont détachés pour éclairer à quelque distance et venir donner l'alarme au besoin.

« Tel n'était point l'état régulier de notre caravane; elle manquait de tête et de cœur, tout était confusion : mais cette confusion même avait de l'intérêt. A la clarté de cette lune éclatante et aux lueurs des feux allumés çà et là, cette scène mouvante et tumultueuse me rappela les descriptions que fait Walter-Scott d'une armée de Higlands ou d'un camp écossais, où les hommes se répétaient continuellement le cri de leurs clans. Ici chacun interpellait son voisin. Les tintements des clochettes, les cris des chameaux, les hennissements des chevaux, les braiements des mulets et des ânes, les acclamations des domestiques, de tous les côtés répétés par les échos, formaient une confusion de bruits qui étaient assez en harmonie avec les costumes bariolés de la caravane. »

La troupe, après avoir eu plusieurs alertes dont aucune n'était fondée, arriva sans accident au village d'Abbassabad, point d'un grand intérêt pour le voyageur. Son origine est singulière : sur la grande route qui lie entre elles deux capitales très-fréquentées, la nature avait jeté un vaste désert toujours périlleux, de sorte que la communication était parfois interrompue quand les Turcomans s'y établissaient. C'est Chah-Abbas le Grand qui remédia à cet inconvénient d'une façon qui caractérise parfaitement sa politique. Il transplanta cent familles géogiennes de leur riche sol natal, et les condamna à vivre sur les arides marais salés du Khorassan.

Il pourvut cependant à leur sûreté et même à leur subsistance en leur faisant une position aisée, autant que pouvait le permettre la nature du pays. Il leur construisit un fort avec un beau et grand caravansérai, leur alloua un salaire fixe, et leur fournit ce qu'ils ne pouvaient se procurer par l'agriculture, que l'aridité du sol et les attaques toujours imminentes rendaient impraticable. Le fort est situé sur une petite colline, non loin des montagnes, et au-dessus est le caravansérai, qui forme en quelque sorte une cour extérieure y attenante. Le caravansérai est un spacieux et solide bâtiment qui a cinquante chambres dans la cour intérieure, au milieu de laquelle coule un ruisseau d'eau douce qui descend du fort ; il y a des étables pour quelques centaines de bêtes de charge, ainsi que des niches dans l'épaisseur des murs pour les gardiens. Malgré cela, les habitants se plaignent de leur sort et voudraient quitter ce lieu ; mais cela est difficile, et si quelqu'un est pris en cherchant à s'échapper, il est ramené et sévèrement battu. Quand du haut du fort on examine le pays qui l'entoure, on se fait une idée du désespoir des malheureux qui sont enchaînés là pour la vie. Un *kebbir*, ou désert salé, pareil au lit d'une mer épavorée, étincelant d'efflorescences salines, s'étend dans une désolation sans limites, au sud et au sud-est ; quelques rochers escarpés se lèvent seuls sur cette surface, comme des îles sur l'Océan. Au nord et à l'ouest, la vue est bornée par des rochers sans verdure et sans aucune végétation.

Le 21, Fraser atteignit la ville de Nischapore, qui eut autrefois une grande splendeur, et qui maintenant n'offre plus que des ruines ; il profita de son séjour pour visiter de célèbres mines de turquoises, situées à quinze lieues à l'ouest ; la première halte eut lieu au village de Madan, qui, suivant l'auteur, ressemble plus à une fourmilière, à une ville de castors, à une garenne de lapins, qu'à toute autre chose. Que l'on se figure un amas de terre perforé de la manière la plus bizarre en petites cellules de toutes formes et de toutes grandeurs, liées par des passages si tournants, si obscurs, si étroits, qu'il est très-difficile pour un étranger de s'y reconnaître, et qui sont un excellent moyen de défense contre tout ennemi du dehors.

« La turquoise se tire de cinq mines creusées dans la même montagne. La première à laquelle on nous conduisit s'appelle la Kheroutch (celle qui a paru la première); on n'y trouve que des pierres de peu de valeur; on nous montra ensuite Maden-i-Siah (la mine noire), dont les excavations s'étendent à quelques centaines de pas le long de la montagne. De là nous passâmes dans une longue série d'excavations, pratiquées à travers un rocher d'une étendue considérable; mais elles sont abandonnées. Nous descendîmes de ce point dans la mine de Kemmery, où l'on trouve des pierres plus grandes que dans les autres, mais auxquelles de nombreuses taches blanches ôtent beaucoup de leur valeur.

« Nous montâmes de là à une hauteur considérable, vers une fissure de la montagne où est la mine d'Abdoul-Bazoki, qui fournit les pierres les plus précieuses. Enfin nous visitâmes la mine de

Khour-i-Sefid, dont les travaux sont abandonnés.

« Rien n'est moins ingénieux que les procédés des mineurs, et aucun art n'est employé pour abréger le travail et économiser le temps. Ils se bornent à creuser dans les endroits où l'expérience a appris que l'on pouvait trouver des turquoises. Ces mines sont affermées aux habitants de Madan, qui les exploitent exclusivement; cependant les pierres les plus belles et les plus précieuses sont souvent confisquées par le gouverneur.

« Le jour que nous avions choisi était un vendredi, jour de repos pour les musulmans; il y avait peu de gens au travail. Nous pûmes toutefois remarquer la lenteur et l'indolence qu'ils y apportent, aussi bien que la grossièreté et l'état d'imperfection de leurs outils. Ils se servent de grands marteaux pour briser le roc, et d'une sorte de doloire avec un bout aigu et un gros bout; mais ils n'emploient ni la pioche, ni le levier, ni les coins, de façon que le progrès de leur travail est aussi lent qu'incertain.

« Pendant cette excursion, je remarquai dans la montagne des moutons sauvages; nous en tuâmes un. C'était un bel animal : il était très-fort, gros du cou et des épaules comme un lion, et petit des reins, couvert d'un épais poil rougeâtre, qui frisait autour du cou et des quartiers de devant, et il portait une immense paire de cornes recourbées et entortillées. »

De Nischapore, Fraser se dirigea sur Meched, capitale du Khorassan persan et qui doit sa célébrité au tombeau de l'iman Reza, cinquième descendant d'Aly. Cette ville ressemble à toutes les villes de la Perse, et offre le caractère de ruine et de désolation dont nous avons parlé précédemment. Mais ce qui attire l'attention, c'est le tombeau et le mausolée de l'iman Reza : ce magnifique groupe de dômes et de minarets est situé au centre de la ville, de façon que tous les chemins y conduisent et que le regard des voyageurs s'y attache de la plus grande distance possible.

Quoique l'entrée de ce lieu soit interdite aux chrétiens, Fraser s'y fit conduire au moment où il y avait le moins de monde; ce qui l'a mis à même de donner une description exacte de ce monument.

Le premier objet qui frappe l'œil quand on approche, est une belle place oblongue, formant une superficie de cent soixante pieds sur soixante-quinze de largeur, ayant deux étages d'appartements tout autour, avec une belle galerie d'arcades. De chaque côté de cette cour et à chaque bout est un portail magnifique très-élevé, entièrement incrusté de mosaïques en tuiles peintes ou vernies, et disposées en figures très-gracieuses. Les habitants appellent cette cour le *Sahn*. Elle est pavée de pierres tumulaires qui recouvrent les restes des plus célèbres Persans, dont les corps y ont été apportés de toutes les parties de l'empire.

Au centre, il y a un bâtiment richement orné de dorures et entouré de petits aqueducs destinés aux ablutions.

Les portails qui s'élèvent à chaque extrémité, et qui ont des guichets pour entrer et sortir, sont de magnifiques échantillons d'architecture orientale. La porte du sud-ouest sert d'entrée au tombeau. Quant au mausolée, on en voit peu de chose du dehors, si ce n'est le dôme revêtu de tuiles dorées, avec des bandes d'azur portant des inscriptions en lettres d'or. Il y a aussi deux beaux minarets ornés au sommet d'une galerie de bois parfaitement sculptée et richement dorée.

Un porte d'argent conduit dans un passage qui aboutit au principal appartement placé au centre du mausolée, au-dessous de la coupole dorée. Les dimensions en sont magnifiques : il s'élève en une voûte très-haute, comme la nef centrale d'une cathédrale ; il a des branches en forme de croix. Le tout est orné de tuiles des plus éclatantes couleurs d'azur et d'or, disposées avec goût en guirlandes de fleurs. Au centre de la voûte est suspendu un immense chandelier à branches d'argent massif.

De là on passe dans une chambre octogone couverte d'un beau dôme ; dans la partie sud-ouest de cette salle est le sanctuaire où reposent les cendres de l'iman Reza et celles du fameux calife

Haroun-al-Raschild. Ce sanctuaire est entouré d'un grillage d'acier, merveilleusement travaillé, qui renferme encore un grillage d'or massif. Au nord-est est une autre porte revêtue d'or et enrichie de joyaux. Plusieurs plaques d'argent étaient appendues à la grille. Nombre de pèlerins faisaient leurs dévotions au sanctuaire. Il y en avait plusieurs assis dans les coins, où ils lisaient le Coran, et une multitude de grands corps en robes et en turbans allaient et venaient dans les hautes et mystérieuses salles, que Fraser aurait voulu examiner à loisir; mais réfléchissant aux risques qu'il courait s'il était reconnu, il se hâta de sortir du monument, après avoir vu une mosquée qui est, selon lui, la plus belle et la plus riche de toute la Perse.

Fraser, curieux de renseignements géographiques, s'efforçait d'en recueillir auprès des voyageurs, et surtout des derviches, ou pèlerins mendiants, qui, passant continuellement d'un lieu à un autre, étaient à même de pouvoir lui en fournir. On lui en indiqua un célèbre qu'il s'empressa d'aller visiter. « Nous découvrîmes, dit-il, la maison de ce personnage au milieu des ruines d'un obscur quartier de la ville; nous n'aurions pu arriver auprès de lui, si un de ses disciples ne nous eût servi de guide. Nous fûmes enfin introduits dans une chambre petite, misérable, noire, où le derviche nous reçut; et étendant un vieux tapis dans un coin, il s'accroupit près d'un brasier de charbon de terre, en nous invitant à l'imiter. Alors il dirigea vers nous des regards soupçonneux et nous demanda à plusieurs reprises ce que nous voulions. Je lui dis qu'ayant beaucoup entendu parler de sa sagesse, j'avais désiré le voir. « Oh ! répliqua-t-il avec un sourire moqueur, si vous voulez de la sagesse, donnez-moi de l'argent, et vous en aurez, car j'en possède beaucoup. » Alors le Mirza mon interprète l'attaqua, et ils entamèrent une conversation à laquelle je compris peu de chose ; je vis cependant le Mirza se mettre en colère en lui disant de cesser ses folies et de parler en homme sensé, car il n'était pas la dupe des tours de sa profession, qui ne pouvaient réussir avec lui. Le derviche changea tout à coup de langage, mais nous n'y gagnâmes rien ; car il ne put que nous indiquer deux de ses frères qui avaient beaucoup voyagé. Nous le quittâmes alors pour aller à leur recherche.

« La nuit venait ; cependant nous nous dirigeâmes dans les ténèbres vers le lieu qui nous avait été indiqué. C'était un grand cimetière nommé *Khellghâh*, ou le *lieu du massacre*; et là, dans une tombe ruinée, entourée des restes des morts et à demi ensevelie par la neige, nous trouvâmes ceux que nous cherchions. Une vieille porte qui fermait autrefois la tombe garantissait du mauvais temps, et les habitants paraissaient très-peu disposés à admettre qui que ce fût, bien que le

Mirza dit à plusieurs reprises le mot d'ordre de la profession, *ya Allah! hag!* (à Dieu vérité!) avec la véritable intonation des derviches. Enfin un vieillard, étant venu nous reconnaître par un trou, nous ouvrit et nous fit entrer. Là, parmi une assemblée de misérables fakirs, de calenders et de derviches, Nachan-Ali, celui que nous cherchions, tenait la première place.

« C'était en vérité un logement déplorable pour une si affreuse nuit; la neige y pénétrait, et le vent soufflait avec violence dans les ruines. Il n'y avait pas de feu, rien pour couvrir la terre nue, et quelques haillons à peine pour protéger les malheureuses créatures rassemblées dans ce triste lieu. Nachan-Ali ne put me donner aucun renseignement précis, et cette visite fut aussi inutile que la première. »

Le 8 février, Fraser obtint une audience du prince. « Il était, dit-il, assis sur son petit trône et simplement vêtu de noir. Quoiqu'il eût une belle apparence, il aurait été mieux encore, s'il se fût dispensé de prendre cet air contraint et théâtral que les princes persans regardent, ainsi qu'une voix très-haute, comme essentiels à leur dignité. En conséquence, en forçant une voix naturellement douce, il me dit le bonjour ordinaire d'un ton rauque et enroué, et se gonfla la poitrine afin de paraître majestueux quand il me parlait. Il me demanda si j'avais été assez heureux pour atteindre à la poussière des pieds du roi des rois. A quoi je répliquai que, quand son esclave était à Téhéran, le père du monde était en deuil. Cette réponse mit fin à des questions qui pouvaient devenir embarrassantes. » La conversation dura longtemps sur l'astronomie et l'astrologie ; et quand le prince fut fatigué, il se retira ; ce dont son interlocuteur fut très-satisfait.

Bientôt après, le voyageur se trouva dans une position fort critique ; la ville entière commençait à s'entretenir tout haut de l'outrage et même du sacrilége qui résultait de ce qu'un Européen non croyant était libre de marcher à l'aise dans ses rues sacrées. Si on avait su qu'il avait été introduit dans le Sahn, il était perdu ; il fut obligé de laisser croire aux autorités qu'il était disposé à se faire mahométan, mais qu'il voulait d'abord être instruit par les gens savants de la ville. Sur cette déclaration on le laissa tranquille.

L'intention de Fraser était de se rendre à Boukara ; mais la caravane n'étant pas encore réunie, il profita du retard qu'il éprouvait pour aller visiter les ruines de l'ancienne ville de Tous, située à 6 lieues de Meched. Les murailles sont de terre et coupées par des tours qui sont en ruines, mais qui s'élèvent encore de beaucoup au-dessus du sol ; elles embrassent une circonférence de trois à quatre milles, et il ne reste que peu de traces de la magnificence d'autrefois dans cette enceinte.

Cette ville fut complétement détruite lors de l'invasion des Mogols, et n'a pas été rebâtie depuis.

A peu de distance est un grand mausolée formant un carré, dont les angles sont taillés de manière à ce que le tout fasse un octogone à quatre grandes et à quatre petites faces, dans les premières desquelles sont des entrées voûtées. Son vaste dôme, ainsi que ses murs extérieurs, était jadis orné de tuiles vernies, mais l'intérieur s'est parfaitement conservé. A partir du sol jusqu'à la hauteur de cinq pieds, les murs sont couverts de tuiles de formes et de couleurs diverses, au-dessus desquelles un plus grand espace encore est occupé par des touffes de fleurs très-richement dorées, divisées par compartiments. Une large bande d'inscriptions arabes en or, sur un fond azur, fait le tour de la muraille au-dessus de ces fleurs, et le reste, ainsi que le dôme, est décoré avec goût et magnificence de fleurs dorées et d'enlacements capricieux, toujours sur un fond azur.

L'urgence de quitter Meched était de plus en plus démontrée à notre voyageur; déjà il commençait à manquer d'argent, et les habitants avaient repris contre lui toute leur haine.

« Quand je traversais le bazar, dit-il, quelques-uns crachaient devant moi, murmuraient tout bas des injures, et me regardaient avec une répugnance qu'ils ne dissimulaient pas. J'étais même averti de plusieurs complots tramés contre ma vie.

Quatre ou cinq moullahs s'étaient ligués pour me guetter dans les ailes d'un passage qui fait face à la grande mosquée, et par où je devais nécessairement passer, à l'effet de me lapider; mais le courage leur manqua, et ils abandonnèrent l'exécution de ce projet; une autre fois il s'agit de m'attirer hors des murs, et là de me vendre aux Turcomans. Leur complot avorta également; on parla aussi de poison; mais mes domestiques étaient trop vigilants et trop fidèles pour que l'on pût espérer de réussir en ce dessein. Enfin un mauvais sujet dit tout haut qu'il avait fait vœu de nous mettre à mort, le Mirza et moi, et qu'il ne serait heureux que quand il pourrait nous joindre dans un lieu isolé pour y boire notre sang. »

D'un autre côté, Fraser acquit la conviction que, s'il avançait plus avant dans le pays, ses gens ne le suivraient pas; il se détermina donc à changer son itinéraire et à revenir en Perse en passant par le Kurdistan.

Le 11 mars il se mit en route, et déjà toutes les tribus errantes du voisinage étaient en mouvement pour changer de pâturages; tous les jours il en rencontrait de nombreuses troupes. Il eut beaucoup à souffrir de l'éblouissant reflet de la neige, qui lui blessait les yeux et aveuglait en quelque sorte les chevaux; il n'est pas rare que ces animaux perdent la vue quand on n'a pas la précaution de leur couvrir la tête d'une espèce de voile, et de leur baigner les yeux d'eau chaude à chaque lieu de repos.

A Cotchoun, Fraser reçut un accueil hospitalier, grâce à des lettres de recommandation dont il était porteur ; il fut logé chez le sirdor ou général des troupes du khan, et le vizir vint lui faire visite. Voulant se rendre ces autorités favorables, il leur fit un présent de divers objets, parmi lesquels se trouvait une montre qui fut donnée au khan ; elle embarrassa beaucoup son propriétaire, qui la renvoya pour demander une explication ; voici à quel sujet : Les Persans, qui comptent leurs jours depuis le lever jusqu'au coucher du soleil en quelque saison que ce soit, s'attendent à voir leurs montres indiquer, en tout temps, les heures du lever et du coucher du soleil en marquant six heures au moment même où ce phénomène a lieu, quelle que soit l'époque de l'année ; autrement ils regardent ces montres comme imparfaites ; celle du khan ne remplissant pas la condition voulue, il désirait savoir pourquoi, et Fraser eut bien de la peine à persuader à l'envoyé qu'elle allait bien. De plus, il avait entendu parler des curiosités appartenantes à l'étranger ; il l'invita à dîner en le priant de les lui faire voir.

Admis en sa présence, Fraser lui montra ses instruments d'optique et d'astronomie, dont il lui expliqua l'usage ; puis il lui laissa regarder à son aise son cahier de dessins, chargé de figures de chameaux et de chevaux, d'hommes et de femmes, dont il fut enchanté. Il ne cessa de s'écrier : « Quelles étonnantes choses font les Frangis! » A la fin sa dignité le quitta entièrement, il poussait des cris et battait des mains de surprise, de joie, absolument comme un enfant. Alors il fit voir à son tour ses curiosités, parmi lesquelles était un nécessaire à toilette que lui avaient envoyé ses amis de Téhéran ; ce meuble contenait des rasoirs, des brosses à dents, des couteaux, etc., etc.; objets dont il ignorait l'usage ; et quand on le lui eut appris, son ravissement n'eut plus de bornes.

En revenant chez lui, Fraser vit quelques feuillets appartenants à un Coran de la plus magnifique dimension, et dont l'histoire n'est pas moins intéressante que le format en est extraordinaire. Il fut écrit par le petit-fils de Timour et déposé par lui sur le tombeau du puissant conquérant à Sarmacande, d'où il fut enlevé lors de la prise de cette ville ; les soldats le mirent en lambeaux, et chacun en prit des feuillets et les rapporta en signe de triomphe dans son pays. Le chef en recueillit environ soixante, et les déposa dans le lieu où ils gisent, sur une tablette, au milieu de la poussière. Ces feuillets sont composés d'un papier dont la trame est de fil d'archal fabriqué tout exprès, et qui ont de dix à douze pieds de long sur sept à huit de large. Les lettres sont d'une très-belle forme, comme si chacune d'elles avait été tracée par une plume gigantesque. Les nouktchs, ou points remplaçant les voyelles, aussi bien que les ornements des marges et des frontispices, sont d'or et d'azur; mais il reste peu de feuillets entiers, la plupart ayant été mutilés pour en détacher les fleurons, ou pour enlever le papier blanc de ses marges immenses. Il est dommage qu'un ouvrage si curieux et si magnifique ait été détruit.

Le 25 mars, Fraser prit congé du khan, qui lui donna un cheval tout caparaçonné, et dont les harnais étaient garnis en argent, et dit un adieu définitif à Cotchoun.

Après quatre jours de marche il se trouva à Semelyhan, misérable ville qui est la limite d'un désert de quatre-vingt-dix milles de long, et que traversent plusieurs passes par lesquelles les Turcomans montent des plaines inférieures pour aller exercer leurs déprédations dans les provinces septentrionales de la Perse. Il était donc nécessaire que le voyageur se fît escorter à travers cette périlleuse contrée ; et il accepta l'offre du chef, qui lui proposa de partir avec un détachement de Turcomans-Gocklans. Ces nomades, étant en guerre avec les autres tribus et tributaires de la Perse, devaient protéger les personnes que leur recommandaient les commandants des frontières.

« Nous atteignîmes le troisième jour le premier mehelleh, ou campement des Turcomans-Gocklans.

Leurs maisons semblent, au premier coup d'œil, des roseaux couverts de tapis noirs, et sont rangées de manière à former une rue le long de la route, de façon que nous eûmes pleine occasion de satisfaire notre curiosité. J'essaierais vainement de décrire ces lieux et leurs habitants. La complète nouveauté des traits et des costumes, l'étrange rusticité des figures d'hommes et de femmes qui apparaissaient pour nous saluer au milieu de têtes d'animaux qui n'étaient guère plus sauvages que leurs maîtres, la multitude d'enfants qui accouraient de chaque tente, tout nus et gambadant autour de nous, c'était un ensemble qui défie toute esquisse.

« Nous passâmes au milieu de plusieurs de ces sauvages, qui n'eussent pas hésité un instant, sans la présence de nos guides, à s'emparer de nos bagages et de nos personnes; puis, traversant la rivière Gorgan, nous avançâmes dans la plaine, et nous rencontrâmes le fils de Khali-Khan, chef de cette horde, qui venait pour nous conduire à la tente de son père.

« Le khan nous reçut avec peu de cérémonie, car c'est la chose du monde à laquelle les Turcomans songent le moins; et, après une courte conversation en plein air, il nous mena dans la tente qui sert de logement aux hôtes, et nous nous y installâmes au milieu d'une nombreuse compagnie qui s'était réunie pour voir les étrangers. Quand nous y entrâmes, il s'y trouvait d'un côté des femmes occupées à travailler des tapis, mais elles quittèrent bien vite la tente. Ce n'est point qu'elles craignaient d'être vues, car elles ne sont point recluses et ne se faisaient nul scrupule de se montrer librement; et la mère du khan, femme à l'air très-vieux, avec une longue chevelure blanche, le teint jaune de la mort, et des yeux ternes et vagues, sortit, et, posant les mains sur moi, me souhaita la bienvenue au nom de son fils. Une quantité d'ustensiles de ménage fut enlevée du coin de l'appartement opposé à la porte, et l'on étendit un nemed blanc (tapis de feutre), qui sert à couvrir le plancher. On prépara nos lits sur le nemed.

« On nous servit le dîner, que le fils aîné du khan partagea avec nous. C'était un repas simple et assez grossier. La nappe étendue devant nous était de grosse laine qui portait les traces d'un long service (1). Sur cette nappe on mit devant chaque convive une galette de pain grossier, d'un pouce et demi d'épaisseur, et au milieu une gamelle de riz bouilli, avec une petite portion de viande; nous tombâmes sur le plat avec avidité, affamés que nous étions par un long jeûne. Notre

---

(1) Plusieurs des nations de l'Orient, particulièrement les Arabes et les tribus errantes du désert, ont une répugnance extrêmement superstitieuse pour laver le linge qui sert de nappes. Ils regardent cette action comme exerçant une fâcheuse influence.

6*

boisson était du lait de beurre et de l'eau assaisonnée avec un peu de sel.

« Après le repas nous aurions dormi volontiers, mais cela ne nous fut pas permis. La tente se remplit de gens, parmi lesquels je ne remarquais aucune dictinction de rang ; chacun entrait et s'asseyait comme il pouvait, sans déranger le moins du monde les autres ; et même lorsque le khan fit son entrée, ce fut avec si peu de bruit, que nous ne nous aperçûmes pas de sa venue, jusqu'à ce que le hasard me le fît voir assis absolument à côté de moi. Personne ne se leva pour le recevoir, et il n'y eut pas la moindre agitation dans l'assemblée, comme il arrive toujours en Perse quand un homme de quelque importance entre dans une réunion. Son fils même paraissait faire peu attention à lui, bien que l'autorité patriarcale soit celle qui obtienne le plus de déférence de la part de ces grossières tribus. Le seul acte de civilité que je remarquai du fils au père, c'est qu'il lui présenta une tasse de thé que je lui avais servie, mais sans se lever plus que le reste de la compagnie.

« Quelques moments se passèrent en conversation ; le khan m'ayant demandé si j'aimerais à entendre un peu de musique, deux hommes furent introduits, chacun portant un instrument ; l'un d'eux était composé de deux hémisphères de gourdes ou de bois creusé, couverts de peaux et accolés par une barre de bois, le long de laquelle une corde s'étendait d'un bout à l'autre; les gourdes faisaient l'office de tables d'harmonie. Celui qui jouait de cet instrument, et qui chantait en même temps, l'employait comme un tambourin pour marquer la mesure. L'autre instrument était à cordes et de l'espèce nommée *tarr* (guitare).

« Ils chantèrent plusieurs airs qui ne se composaient que de quelques notes sur un petit nombre de mots, et la mesure se terminait toujours par un point d'orgue qui allait mourir en une très-douce et très-singulière cadence; cette musique était infiniment plus agréable que celle que j'avais entendue en Perse, car le chanteur ne forçait pas sa voix, mais lui faisait suivre les inflexions du tarr, imitant le son et les ondulations de la corde métallique, de sorte que sa voix ressemblait alors au murmure d'une harpe éolienne; et il continuait ainsi sans reprendre haleine pendant un espace de temps incroyable. Toutefois, s'il ne rugissait pas comme les Persans, il faisait les plus violentes contorsions avec son corps, se jetant dans les plus extravagantes attitudes, secouant très-violemment la tête, et se roulant sur son siége de manière à toucher à peu près la terre avec ses côtés. Ces mouvements paraissaient venir du ravissement que lui inspirait la musique, et qui se communiquait plus ou moins à toutes les personnes de l'assemblée, car, à chaque temps de repos, les uns et les autres exprimaient leur plaisir d'une manière assez bruyante.

« Ce concert dura jusque après minuit ; mais je ne pus m'endormir avant le point du jour : les hurlements des chiens, les bêlements des moutons, et les mugissements du bétail parqué autour de la tente m'incommodèrent au dernier point. J'aurais bien voulu sortir pour prendre un peu l'air frais du dehors, mais je m'aperçus que la sortie, aussi bien que l'entrée, était entièrement interdite par la vigilance d'énormes chiens qui gardent les tentes. Aussitôt que quelqu'un bougeait, ils faisaient entendre un sourd grognement, et il n'aurait pas été sans danger pour moi de mettre le pied hors de la tente. Je m'en convainquis le lendemain matin, car en essayant de franchir le fossé qui sert de limite au campement, je fus attaqué par cinq ou six de ces puissants animaux, qui se précipitèrent sur moi la gueule ouverte, et j'aurais été assez malmené, si une vieille femme ne s'était montrée et n'avait usé de son influence sur les assaillants, qui se retirèrent en grognant.

« Nous fûmes témoins d'une scène étrange quand nous fûmes levés : le campement, formant un carré dans le centre duquel était notre tente, occupait un espace de cent cinquante pieds de long sur cent pieds de large, et cet espace était rempli de chevaux attachés devant la porte de leurs maîtres, de chameaux debout ou agenouillés, et mangeant en cercle ; çà et là de grotesques figures de Turcomans se disposant pour une expédition, des femmes assises aux portes des tentes, d'autres occupées de travaux domestiques, arrangeant leurs habillements, ou apportant de l'eau de la rivière, et toujours entourées de groupes d'enfants presque nus ; des chevaux et des bestiaux de toutes sortes se précipitant hors de leurs parcs et se rendant aux pâturages, accompagnés d'une multitude de chiens. Si ce spectacle n'avait rien d'imposant par l'éclat, il plaisait du moins par son animation, et intéressait par sa nouveauté.

« J'aurais été bien aise de rester avec ces gens un ou deux jours de plus pour étudier leurs mœurs, mais ma suite était nombreuse, et comme on ne nous faisait rien payer, j'aurais trouvé très-peu convenable de rester un moment de plus. Nous découvrîmes en outre que, les fourrages et les pâtures devenant rares, le campement allait sur-le-champ se transporter dans un autre lieu. En conséquence, après un léger déjeuner, nous partîmes pour le village de Pisserok, où le fils de notre hôte devait nous guider, précaution très-nécessaire dans ces lieux.

« Nous traversâmes des champs et des prairies naturelles de la plus riche verdure et des bouquets de chênes revêtus de leurs jeunes feuilles, et au milieu desquels se découvraient des clairières couvertes d'un gazon qui semblait de velours. A notre gauche s'élevaient des montagnes couvertes de bois, et que variaient des rochers, de petits vallons ou des pentes verdoyantes. A droite, des plaines immenses s'étendaient au nord et au nord-ouest, et se montraient toutes couvertes de campements gocklans. On ne peut imaginer une plus délicieuse scène de paix, et il est déplorable de penser que cette contrée, la plus belle de l'empire persan, au lieu de nourrir une riche et heureuse population, est abandonnée à des hordes de brigands. Il n'est pas de preuve plus saisissante de la faiblesse et du désordre qui règnent dans le gouvernement.

« Pendant le trajet, je remarquai un vieillard à barbe blanche qui montait un cheval dont j'aurais voulu faire l'acquisition. Lorsque je lui fis cette proposition, il refusa quelque temps de répondre, puis il me dit qu'il ne vendrait jamais sa monture, car il y avait quelques mois que son fils, monté sur le même cheval, avait été percé d'un coup de lance par un Turcoman et rapporté mort par son fidèle coursier. Je n'avais rien à répondre. Ce trait me toucha profondément. »

A Pisserok, le voyageur remarqua le contraste frappant qui existe entre le pays où il entrait et celui qu'il venait de quitter. Au lieu de ces monotones murailles de terre et des toits plats de même nature, se confondant exactement avec la couleur de sol, il trouvait là toutes les constructions en bois, entourées d'un rideau de joyeuse verdure; les maisons se composaient de poteaux plantés en terre, réunis par des claies ou des murailles en charpentes, enduites de terre ou revêtues à l'extérieur de planches, et à l'intérieur de glaise. Les toits étaient portés par des chevrons et couverts de paille de riz, qui posait sur un lit de roseaux tressés. Çà et là on apercevait des étages élevés, soutenus par des poteaux, et couverts également de paille de riz. Au lieu d'un mur pour protéger le village, on avait creusé un fossé profond, dont les bords étaient chargés de broussailles, et au milieu duquel avait été amené un courant d'eau; une haie de roseaux entrelacés à des épines grimpantes, dans l'intérieur, contribuait à rendre parfaits ces moyens de défense. Presque à chaque maison se trouvait une fortification de cette espèce, et les habitations, au lieu d'être entassées dans d'étroites et sales ruelles, étaient bâties à distance l'une de l'autre, chacune entourée de sa pièce de terre et enveloppée de hauts arbres. Toutes les portes étaient en bois, c'était sur un pont de bois qu'on traversait le fossé; tous les ustensiles de ménage étaient également de bois.

« Je trouvai là, dit Fraser, des paysans au moins aussi curieux que les Turcomans; ils se pressaient par centaines autour de l'appartement ouvert où je me tenais. Ils entraient à tout moment dans la chambre, et là s'asseyaient très-près de moi sur leurs talons, examinant d'un œil effaré, puis se regardant les uns les autres en riant. Mais dès que je désirais qu'ils se retirassent, ils obéissaient tous à la fois ; bien entendu que c'était pour revenir aussitôt qu'ils l'oseraient. Un vieillard qui semblait être parmi eux une espèce d'oracle, m'ayant vu dessiner, se tourna vers ses camarades et leur dit sérieusement qu'en faisant ainsi le portrait de tout ce qui me plaisait, je prenais réellement possession du pays, et cette idée était si loin de lui sembler alarmante, qu'il me déclara qu'il voulait quitter le service du khan pour me suivre partout où j'irais.

« Je dînai avec le khan. On mit devant moi un plateau de cuivre contenant un plat de pilau, une étuvée de viande, une petite soucoupe remplie de légumes et de truffes bouillies dans du lait, avec une tasse de sorbet. Dès que le chef eut prononcé le mot *bismillah* (au nom de Dieu), chacun se mit à manger gloutonnement. La chambre était spacieuse et ouverte de tous les côtés, excepté dans le haut, où était le foyer, constamment rempli de bûches flambantes, qui servaient à éclairer aussi bien qu'à réchauffer. De plus, la lumière était fournie par une large lampe ou un vase plein de graisse, où brûlait une grosse mèche, qui était garantie de l'action du vent par un voile de mousseline légère. »

Fraser, étant resté un jour en cet endroit,

saisit l'occasion de visiter les ruines de l'ancienne ville de Djordjun et une tour très-élevée et très-remarquable que les habitants du pays nomment *Goumbez-i-Caoûs*. C'est une tour circulaire, creuse, bâtie sur une éminence élevée, et qui atteint une hauteur qui ne peut être moindre de cent cinquante pieds à partir de la base. Le diamètre intérieur a environ dix pas ; il faut faire cinquante-deux pas à l'extérieur pour tourner autour des murs, qui sont épais de dix pieds. Le diamètre de la tour va en diminuant graduellement jusqu'au sommet, de façon à donner aux murs une légère pente ; et quoiqu'à l'intérieur ils soient circulaires, ils sont à l'extérieur divisés en dix angles saillants et autant d'angles rentrants ; le sommet est un cône élevé et aigu. L'aspect de ce bâtiment à l'intérieur est remarquable ; car il est évident qu'il n'y eut jamais là ni escalier ni division quelconque ; de sorte que les murs s'élèvent unis et sans aucune rupture jusqu'au sommet même du cône, dans lequel est pratiquée une seule fenêtre qui éclaire le tout. Cette tour a été construite avec des briques excellentes, cuites au soleil, grandes, carrées, ayant deux pouces et demi d'épaisseur, et posées à plat ; le toit est couvert des mêmes briques ; et elles sont si solides, qu'une ou deux à peine sont dérangées. Tout est cimenté à la chaux, et l'édifice entier est aussi parfait que le jour où il fut achevé, excepté à douze pieds au-dessus de ses fondations ; à cette hauteur les briques ont été arrachées à une profondeur considérable et comme si on eût voulu miner la tour ; mais elle a résisté aux hommes comme aux effets du temps. Quelques caractères arabes et des chiffres presque effacés ne peuvent donner aucun renseignement sur cet édifice, dont l'architecture atteste l'origine arabe.

Le 4 avril Fraser quitta le campement, et le 6 il était sur le territoire des Turcomans-Yameuts. Quoiqu'ils soient tributaires de la Perse, il n'osa pas se fier à eux, et marcha droit à Astrabad, sur la mer Caspienne. L'aspect de cette cité diffère de celui des villes méridionales de la Perse. Non-seulement les bois s'étendent sur tous les points jusqu'au bord du fossé de la ville, mais les nombreux jardins et les arbres qui se mêlent dans tous les quartiers, produisent un très-agréable effet. Les maisons sont pittoresques et riantes pour la forme et pour la couleur. Elles sont généralement bâties en bois et souvent munies de galeries montées aussi sur des colonnes de bois. Le style de leur architecture est léger et plus dans le goût indien que dans le goût persan. Les toits élevés et en pointe sont couverts en tuiles rouges ou en chaume, et dépassent de beaucoup les murs. Un grand nombre ont de hauts *badgirs* (littéralement preneurs de vent). Ce sont des tours carrées, couvertes de tuiles brillantes, et qui présentent de chaque côté des ouvertures par où l'air et le vent pénètrent dans les chambres des maisons.

La ville doit à Chah-Abbas un pavé en pierre dans toutes ses rues et un égout pour l'écoulement des eaux ; les habitants sont tellement pénétrés de l'utilité de ces travaux dans un pays si humide, qu'ils entretiennent avec un soin minutieux le pavé, ce qui rend la ville d'une propreté à laquelle ceux qui voyagent en Perse sont loin d'être accoutumés. Les bazars sont assez étendus, mais peu garnis ; car bien qu'Astrabad soit un port sur la mer Caspienne, il s'y fait peu de commerce. Huit jours de repos suffirent à Fraser pour le mettre en état de continuer sa route au nord-ouest. Les femmes des villages qu'il traversait ne se cachaient pas rigoureusement comme dans les autres provinces de la Perse. Leur costume se compose d'une chemise et de pantalons ; un mouchoir de soie noire tortillé autour de la tête sert de turban, avec un autre morceau d'étoffe semblable et de coton blanc que l'on jette au besoin sur la tête et les épaules comme un voile. Quand elles sortent à quelque distance de la maison, elles se servent de pièces de drap ou de voiles de coton blanc ou rayé rouge et bleu, qui sont d'un usage général dans tout le pays, et qui les enveloppent des pieds à la tête.

On fait dans cette contrée un grand usage d'ail, et ce goût est commun aux personnes de tout rang et de tout âge ; les enfants même mâchent la plante entière, tige, feuilles et bulbe. C'est une mesure hygiénique pour combattre l'humidité de l'air.

A Aschreff, le voyageur eut le loisir d'examiner cette vieille ville royale ; il se logea dans l'ancien palais bâti par Chah-Abbas, et qui est tout en ruines. Les peintures soignées, les fleurs d'or sur un fond azur, les ornements de stuc qui décoraient les murailles, tout a disparu ; des jardins il ne reste plus que quelques vieux pins et quelques cyprès. La ville a autant souffert que le palais. Elle se vantait, dit la tradition, de compter trois cents bains et une population proportionnée ; aujourd'hui elle se compose à peine de trois cents maisons.

Avant d'arriver à Sari, capitale du Mazendéran, on traverse la rivière Tedjen sur un beau pont de dix-sept arches, mais qui est très-étroit, comme tous les ponts en Perse.

A Sari, Fraser se logea chez le surintendant de la maison privée du prince. Cette demeure était très-convenable : les murs avaient des ornements en stuc, les fenêtres étaient sculptées, et leurs diverses couleurs ressemblaient à certains effets produits par le kaléidoscope. De nombreuses niches pratiquées dans les murailles étaient garnies en velours ou en étoffes brochées d'or. Un beau foyer occupait un côté de chacune des chambres, et de riches tapis étaient tendus sur des nattes indiennes qui couvraient le plancher. Le nazir reçut bien le voyageur, et le lendemain, en lui apprenant que le prince le recevrait le jour suivant, il lui dit que Son Altesse avait fait un sac large et profond qu'il s'attendait à voir remplir. C'était une fâcheuse nouvelle pour un homme dépouillé presque entièrement par les présents faits depuis Téhéran; cependant il fut bien soulagé quand il vit le prince content de ce qu'il lui offrait. Ce prince portait, le jour de l'audience, une veste de brocart d'or, et avait sur les épaules et les bras cette maille de perles et de pierreries qu'on remarque dans les peintures des rois de Perse; un poignard richement orné était passé dans le châle qui formait sa ceinture, et les boutons de la veste étaient des émeraudes. Il n'avait sur la tête que le simple bonnet de peau d'agneau noir.

On voit à Sari une tour semblable au Goumbez-i-Caoûs de Djordjun, et à laquelle se rattache une tradition que nous donnons comme digne de figurer dans un recueil de contes orientaux. On dit qu'à cet endroit est caché un immense trésor qu'un talisman protége, et dont jadis un magicien indien de très-grande habileté avait découvert le secret; mais les conditions de ce talisman ne lui permettant pas d'agir en personne, il employa un agent comme Aladin, ignorant ce qu'il allait faire. Le magicien confia à cette personne le talisman qu'il avait préparé, et qu'elle devait attentivement comparer avec celui qu'elle verrait dans la tour : mais l'émissaire était prévenu, par-dessus toute chose, de ne point lever la tête, quoi qu'il pût entendre ; le messager agit conformément aux instructions qu'il avait reçues, et au moment où il venait de rapprocher les deux talismans, le charme opéra. Un bruit formidable éclata, et un nombre prodigieux de pigeons s'envolèrent par la grande porte, qui était ouverte. Cette volée était si considérable et le bruit produit par les ailes des oiseaux se prolongeait tellement, que l'envoyé, las de s'en tenir aux conjectures, oublie l'avis et regarde en l'air ; tout à coup les pigeons cessèrent de voler, et une grande quantité d'or monnayé tomba autour de lui. Le charme avait changé l'or en pigeons qui prenaient leur volée vers les coffres du magicien ; mais la curiosité de l'agent le rompit, et l'or reprit si subitement sa forme primitive, que la portion même qui traversait l'air tomba à terre, et personne depuis ce moment n'a été capable de trouver le reste du trésor.

Les habitants du Mazendéran ne diffèrent de ceux du reste de la Perse que par un teint plus basané. La classe moyenne et le bas peuple ont adopté l'usage de teindre la barbe, quand elle devient grise, avec du henné, qui lui donne une teinte d'un rouge ardent.

Les femmes portent, quand elles sortent, le

tchedder, ou large veste qui enveloppe tout le corps; ces vestes sont de soie ou de coton rayé. Elles portent aux jambes une espèce de bas qui reçoit l'extrémité du pantalon, et elles mettent par-dessus la pantoufle ordinaire, verte, à talons hauts.

Fraser s'étant lié avec son hôte, celui-ci lui montra les appartements de sa famille et du harem. Ils consistaient en trois différentes chambres avec leurs dépendances, l'une pour l'hiver, l'autre pour le printemps, la troisième pour l'été. L'appartement d'hiver avait les murs couverts de tapis de feutre (nemeds). Ceux de l'été et du printemps étaient plus aérés. On y voyait de beaux ornements en stuc, des rideaux de soie ou de velours, des coussins de brocart, de riches tapis et de magnifiques nemeds. La maison renfermait en outre plusieurs petits appartements arrangés en boudoirs et ornés avec beaucoup de goût, de peintures et de broderies.

Cet hôte était un grand mangeur d'opium; il en prenait quatre grains le matin et autant à l'heure du coucher du soleil. « C'était, dit Fraser, une chose curieuse d'observer le vieillard quand approchait l'heure où il prenait sa ration d'opium. Il se tenait ordinairement assis, irritable et de mauvaise humeur, roulant les pilules entre ses doigts, pendant qu'il attendait avec impatience le moment où il allait devenir heureux. Il ne se permettait jamais de devancer l'instant fixé, de peur, disait-il, d'augmenter en lui cette passion dont il connaissait bien le danger. A mesure que la perfide influence de la drogue se glissait en lui, la rude expression de ses traits faisait graduellement place à un calme tranquille et bienheureux. Malheur à celui qui se fût risqué à l'approcher avant l'heure dite ; mais au bout de vingt minutes, il était devenu de bonne humeur, et il riait et plaisantait avec ceux qui l'entouraient. »

Le prince manda Fraser chez lui, pour le consulter sur la maladie d'une de ses sœurs; mais l'étiquette s'opposant à ce que l'Européen pût examiner la malade, il lui fut impossible de donner son avis. Après cette visite, le prince fit plusieurs questions à son hôte, et ayant su qu'il n'avait point d'optique, il s'écria avec le ton du ravissement qu'il en possédait une, et on l'apporta à l'instant. Pour voir ce spectacle, chacun semblait avoir oublié son rang. Le prince descendit lestement de son trône et se plaça au milieu de la chambre pour poser son optique au meilleur jour. Médecins, ministres, serviteurs, tous, pêle-mêle, accroupis autour de lui, disaient leur avis à haute voix, applaudissant et s'appelant les uns les autres par leurs noms. C'était une curieuse révélation de l'histoire secrète de la vie intime d'un grand de Perse.

Ce fut à Sari que Fraser se sépara de son interprête, qui ne voulait plus suivre un chrétien, et, accompagné de ses domestiques, il partit le 4 mai pour Balfrouch, ville purement marchande, peuplée de négociants, d'ouvriers et de leurs aides. Le gouverneur est lui-même marchand; le voyageur y fut l'objet de constants égards, ce qu'il attribue aux effets bienfaisants des relations commerciales. De là il se rendit à Amet, ville et contrée remplies d'intérêt pour l'amateur des antiquités persanes. Chaque montagne, chaque coin de terre est classique, car c'est là que se passèrent la plupart des scènes décrites par Ferdoussi dans son célèbre poëme.

Le 13 mai l'Anglais atteignit le rivage de la mer; il le côtoya pendant six jours, et le 19 il couchait à Rhetht, dans le Ghilan. C'est la seule ville importante de la province; et il n'y a pas en Perse un endroit où les mendiants soient plus importuns. Les rues et les bazars fourmillent des plus misérables objets, et les passants sont persécutés par des malheureux couverts de lèpre; mais ce qui répugne le plus, c'est le spectacle hideux des mangeurs d'opium. Ces déplorables victimes de la plus dangereuse des habitudes, n'ayant pas de quoi se procurer la drogue qui forme leur seule consolation, errent dans les rues, exposant aux ragards leurs formes amaigries, leurs membres gonflés, leur figure ridée et pâle, leurs lèvres desséchées, roulant de côté et d'autre, comme des fous, leurs yeux saillants et sanguinolents, et s'écriant : *theriaki, theriaki* (je suis un mangeur d'opium, donnez-moi de quoi acheter de l'opium, ou je meurs).

On rencontre aussi d'autres mendiants, mais ceux-ci ont un caractère différent : ce sont les derviches et les fakirs. Ces vagabonds impudents, amusants quelquefois, mettent largement en usage tous les expédients pour lever des contributions sur la bourse du passant. Quelques-uns, vêtus d'une robe en haillons, coiffés de bonnets ornés de fleurs et de plumes, ou plus étrangement encore avec leur propre chevelure nattée et tressée, courent par bandes dans les bazars, criant le nom de leur caste et demandant bruyamment la charité. D'autres, assis dans des échoppes, vendent des charmes et des formules magiques contre tous les maux, des espèces de rosaires et des morceaux de terre apportés de la Mecque ; d'autres enfin, confiants dans leur célébrité reconnue, se tiennent tranquillement dans leurs trous, entourés de leurs disciples, regardant avec un rire d'ironie ou avec une imperturbable gravité la scène mouvante qui s'agite autour d'eux, tandis que les nombreuses dupes de leur prétendue sagesse répondent par des présents à leurs conseils.

« Le 25 mai, dit Fraser, j'avais vu tout ce que je désirais de la Perse au sud de la mer Caspienne, et je n'avais plus d'autre vœu à former que celui d'aller à Tébriz, pour de là passer en Europe, quand je reconnus que j'étais réellement détenu à Rhetht. J'avais été signalé comme étant un espion de la Russie, et je fus retenu captif jusqu'au 16 juin, et encore je ne cessai de l'être que parce que je m'évadai avec un de mes domestiques. »

Ici commence une scène dramatique que nous allons citer en l'abrégeant.

« Le 18 juin nous passâmes la nuit sur le toit d'une maison du village de Dis; nous y étions endormis depuis à peine une heure quand un grand bruit m'éveilla en sursaut, et je distinguai les pas de plusieurs personnes qui grimpaient sur le toit en s'écriant : « Où sont-ils? où sont-ils? voyons-les sur-le-champ! » Nous n'avions pas ouvert les yeux encore, et déjà nous étions entourés de gens armés. Je compris bientôt que l'on me prenait pour un espion russe, que l'on m'accusait de m'être évadé et que j'étais de nouveau prisonnier. Le chef prit soin de s'assurer de mon poignard et du pistolet à deux coups que j'avais mis, comme de coutume, sous ma tête.

« Quand je fus descendu de la terrasse, plusieurs soldats, avec le poignard nu, se précipitèrent sur moi et me saisirent très-rudement; mais je les repoussai, et je dis à leur chef d'être sur ses gardes, que je me soumettais, qu'il n'y avait aucun motif pour me lier, et qu'enfin il devait veiller à ce que je ne fusse pas insulté, parce que cet acte aurait pour lui de fâcheuses conséquences. On me permit de rester libre de mes mouvements, et le chef m'attesta que je serais bien traité et respecté d'eux tous.

« Je demandai à être conduit devant le ketkhoda, ou chef du village ; quand j'entrai dans sa chambre, je trouvai encore un détachement plus considérable de gens armés ; on exigea l'exhibition de mes papiers, qui furent examinés avec soin. Le ketkhoda comprit facilement qu'il s'y trouvait un sauf-conduit du prince Mohamed-Kouti-Mirza, un autre de Aly-Reza-Mirza, outre une lettre de l'ambassadeur anglais ; cependant tout ce que je pus obtenir fut d'être conduit à Ghiliwan, où se trouvait Mohamed Kenli-Kan, qui devait seul décider de mon sort. On me fournit un cheval, et on m'assura que je serais bien traité.

« Mais dès que le ketkhoda nous eut quittés, les soldats s'emparèrent de Seyd-Aly et de moi, nous arrachèrent nos ceintures et s'en servirent pour nous attacher les bras très-serrés à la hauteur du coude. « Que signifie cela? dis-je au chef; où est le cheval que vous m'avez promis? je ne suis pas en état de voyager sans ce secours. — Un cheval ! vraiment ! ah ! oui ! vous aurez un cheval sans doute ! venez ! Il y en a un qui vaut cent tomans, là-bas sur le bord de la rivière ; venez et montez-le ! » Et en parlant ainsi ils me poussaient en avant avec barbarie. Je vis alors que la modération avec laquelle on nous avait traités jusque alors avait été feinte, et je me préparai de mon mieux au pire traitement. Il vint assez vite. Mes souliers étaient des pantoufles, et l'on ne me permit pas même de les redresser quand on m'entraîna : et comme je me mettais en devoir de résister, je fus frappé de plusieurs coups bien appliqués en travers sur les épaules. Les hommes qui avaient Seyd-Aly en garde marchaient en avant, de sorte que j'étais absolument seul avec deux gaillards armés complétement, robustes et à mine féroce, par la nuit la plus obscure que j'eusse jamais vue et dans un défilé sauvage.

« Fatigué comme je l'étais par une marche constante de trois jours, sans une seule nuit de repos, avec des ampoules à mes pieds mal chaussés, et les mains liées au dos, je me trouvais peu en état de faire une marche rétrograde de vingt milles. Cependant mes impitoyables gardiens n'avaient aucun sentiment de pitié, et me poussaient sur le chemin rocailleux qui menait à la rivière, et quand la douleur et la lassitude me forçaient à suspendre la marche pour un instant, une nouvelle bastonnade et de vigoureux coups de pointe dans le côté avec un bâton pointu m'obligeaient à reprendre courage. Le passage de la rivière au gué fut si difficile, que mes gardes eux-mêmes furent contraints de ralentir leur marche, et après avoir plus d'une fois été sur le point de tomber, nous nous trouvâmes sains et saufs sur l'autre rive, et nous entrâmes dans le désert de collines de sable qui se trouve au delà. On nous conduisit bientôt dans la partie la plus reculée de ces collines, puis on fit halte tout à coup. Alors mes gardiens me saisirent, et plongeant leurs mains dans mes poches, en tirèrent tout leur contenu, s'amusant à me rire au nez pendant que mes habits cédaient à leur violence; ils me prirent mon argent, mon paquet de pharmacie et un petit étui d'instruments que j'avais suspendu à mon cou. Mon journal et mes livres d'esquisses ne les tentèrent point par bonheur, et ils les laissèrent dans la poche où je les avais mis. Pendant ce temps, je faisais tous mes efforts pour me les rendre favorables; mais ils m'imposèrent silence par des coups sur le visage et sur la bouche, en me demandant si la peine qu'ils s'étaient donnée pour me prendre n'était pas une raison suffisante pour me donner la mort. Leur colère semblait s'accroître à mesure qu'ils parlaient, et enfin ils me tirèrent si rudement par la ceinture qui me liait les bras, que je tombai par terre. Alors l'un d'eux tirant son couteau s'écria qu'il voulait me tuer, qu'il voulait me couper la tête et l'abandonner aux oiseaux.

Dans ce moment j'attendais la mort, je recommandai mon âme à Dieu, et je ne tentai aucune résistance.

« Cette pénible crise ne dura pas longtemps ; le scélérat rengaîna son couteau, et prenant son bâton commença de nouveau à m'en frapper en m'ordonnant de me lever et de marcher. Leur colère fit place à une gaieté sauvage ; ils luttaient à qui trouverait les plus outrageantes expressions ; ils m'accablaient des questions les plus grossières, de celles qui constituent en Perse les plus profondes insultes, puis ils applaudissaient à leur esprit quand ils pensaient qu'un de leurs traits avait ému ou piqué leur victime. Ensuite ils passèrent à des menaces, à propos de ce que Mohammed-Khan ferait de moi quand il m'aurait en sa puissance. Je devais à coup sûr perdre les yeux, la langue ou les oreilles, et même très-probablement la tête. Je me bornais à leur répondre que j'étais en leur pouvoir, que je ne pouvais m'aider et que je ne savais pas pourquoi ils se donnaient tant de peine pour me tourmenter. Toutefois, quand je vis que mes paroles n'avaient d'autre effet que celui de les exaspérer, je retins ma langue ; alors ils se prétendirent offensés par mon silence et me frappèrent jusqu'à ce que je leur répondisse. Enfin ils se lassèrent par degrés de me persécuter, et bientôt marchèrent dans un silence morose ; seulement de temps à autre ils me tiraient par le bras, ou se rappelaient à moi au moyen de leurs gourdins, quand je m'arrêtais ou que mon pas devenait plus lent.

« Enfin le jour parut; le chef et ceux qui conduisaient Seyd-Aly firent faire halte pour que nous pussions les rejoindre. J'appris à ce commandant le vol qu'on avait commis et les mauvais traitements que j'avais éprouvés, mais il n'eut pas l'air de faire la moindre attention à mes plaintes. Toutefois il ordonna de lâcher nos liens et nous permit de boire et de nous laver; je pus arranger mes souliers, et nous poursuivîmes notre chemin beaucoup plus à l'aise.

« Au village de Ghiliwan, où nous ne trouvâmes pas le khan, le ketkhoda me permit de me procurer une mule à mes dépens, ce qui me procura l'avantage d'être dégagé de mes liens. Enfin nous arrivâmes au gilak (maison d'été de Mohammed-Khan, chef de ce district; quelques petites huttes détachées, bâties en bois, et dont les interstices étaient bouchés avec de la mousse et de l'écorce, ayant pour toitures des lattes grossièrement faites, formaient l'habitation de ce chef montagnard et de sa famille. Dès que nous fûmes en sa présence il fit un signe, et nos gardes se mirent à nous battre avec de gros bâtons courts, de manière à me faire penser qu'il s'agissait de nous donner la mort. Alors je m'écriai : « Khan, regardez les papiers que voici, et faites après ce que vous voudrez. » Les gardes suspendirent alors ; le khan dit d'une voix étouffée : « Eh ! misérable, quels papiers as-tu qui puissent m'engager à vous épargner ? apporte-les et suis-moi. »

« Dans la hutte je remis les papiers au khan, qui les passa au mirza, instituteur de ses deux fils. Celui-ci ayant fait connaître leur contenu, le khan ne put conserver de doute sur ce que j'étais, et, passant de la sévérité et de la mauvaise humeur au ton badin, il se mit à louer la dextérité et la hardiesse avec laquelle j'avais su m'évader. Je me plaignis alors des coups que j'avais reçus, mais le khan répondit : « Oh ! ce sont de jeunes étourdis, ils ne savaient pas qui vous étiez ; pardonnez-leur pour l'amour de moi. » Quand les papiers retirés de ma poche furent passés au khan, mon livre de croquis était du nombre ; il me pria de le lui donner ; ce que je refusai. Alors il se tourna vers le mirza, en lui disant : « Vous voyez pourquoi les Franghis voyagent, c'est pour faire des portraits du pays, afin de savoir ensuite comment s'y prendre pour s'en emparer. » Il me demanda alors la faveur de pouvoir montrer les figures dans son harem, et moi, ne soupçonnant pas son intention, je le lui permis. Pendant qu'il était ainsi hors de ma vue, il arracha une douzaine de feuillets qui contenaient les dessins les mieux finis et les figures les plus curieuses. »

7*

Malgré sa lassitude extrême, Fraser ne put obtenir de passer la nuit chez le khan, il lui fallut partir par un temps épouvantable, suivre un chemin des plus difficiles pour gagner un village au pied de la montagne, où il fut bien traité ; on lui offrit même un bon dîner.

« Le 20 juin au matin, continue-t-il, j'eus la mortification de voir mes trois chevaux arabes, que j'avais laissés à Rutht sellés et bridés, pour mes gardes, tandis que mon domestique et moi nous étions sans monture ; enfin on nous procura à chacun un cheval, et nous nous mîmes en route.

« Quand nous entrâmes à Rutht, la populace s'amoncela autour de nous, comme autour d'un spectacle curieux. Nous présentions en effet un singulier et pitoyable aspect : nos habits étaient tellement en haillons et couverts de boue, que rien ne pouvait être plus ridicule.

« C'est dans cet équipage que nous nous rendîmes chez le vizir ; il était seul. « Que n'avez-vous attendu quatre jours? dit-il ; vous n'auriez pas eu besoin de vous exposer à des périls. Le prince est arrivé, et vous auriez eu votre congé avec bonté et honneur. Maintenant vous êtes libre d'aller où il vous plaira ; allez chez le prince, ou faites votre paquet, et continuez votre chemin à votre fantaisie. » Cependant je ne pus partir que le 2 juillet, parce que je voulus ravoir les objets qui m'avaient été volés, et que le prince me fit restituer. »

Le 8 juillet Fraser était à Ardebel ; les seuls monuments d'un intérêt réel que présente cette ville sont les tombeaux du Scheikh-Séfi, l'ancêtre des rois Séfavis, du sultan Hyder, son troisième descendant, et de Chah-Ismaïl, le premier de cette dynastie qui monta sur le trône persan. Ces sépulcres forment une collection de dômes et de carrés oblongs, dont quelques-uns sont en ruines. Le tout a été autrefois richement décoré de tuiles vernies dans le goût de tous les travaux de Chah-Abbas. Un bâtiment oblong, dont les deux dômes sont ornés en tuiles de couleurs et en or, sert d'oratoire, et le tombeau du Scheikh-Séfi, protégé par deux grillages, l'un revêtu d'argent, l'autre d'or, est placé dans un coin de la grande salle. Le tout a été richement orné d'azur et d'or, et une grande quantité de lampes, dont plusieurs sont en argent, pendent au plafond. Tout a cependant un air de décadence et de ruine. La tombe de Chah-Ismaïl est dans une petite chambre sur le côté, et est couverte d'une boîte de bois d'une teinte sombre, et qu'on dit avoir été apportée de l'Inde.

Une grande salle octogone, au-dessus de laquelle s'élève le principal dôme, a tiré son nom de zerfkhaneh, ou salle de porcelaine, de ce que les plats que Chah-Ismaïl employait dans les festins qu'il donnait à ses hôtes de chaque jour, étaient conservés ici dans des niches pratiquées dans le mur pour cet usage. Cet appartement a été très-somptueusement décoré, et les niches, qui sont de toutes les formes, produisent l'effet d'un magnifique ouvrage de ciselure; mais les porcelaines n'y sont plus; elles ont été brisées lors d'un des tremblements de terre si fréquents dans cette contrée.

Fraser ne voyageait plus avec crainte; il parcourait un pays tranquille; aussi, seul avec son domestique, il s'avança vers Tébriz, tandis que sa suite marchait à petites journées. « Lorsque nous fûmes à deux milles de la ville, nous nous trouvâmes, dit-il, dans une grande route large, bordée de jardins dont la verdure rafraîchissait notre vue, quoique la chaleur fût extrême. Cette succession de jardins et de vergers qui s'étendent sur les bords de la rivière, donne aux environs de Tébriz une richesse d'effet qui n'appartient réellement qu'à une ville persane. Quand nous eûmes atteint la dernière hauteur qui domine la ville, nous vîmes au-dessous de nous une sombre masse de feuillage, à travers lequel apparaissaient de blancs édifices qui réfléchissaient les rayons du soleil, et plusieurs minarets et mosquées qui s'élevaient au-dessus de la masse des toits plats. Au delà s'étendaient de vastes plaines, sur lesquelles ondulaient les vapeurs qu'aspirait le soleil;

plus loin le grand lac d'Ouroumia, et, tout à fait à l'horizon, des chaînes de montagnes très-éloignées. »

Tébriz est la capitale de l'Azerbidjan, qui est la plus importante province de Perse, et cette ville peut être actuellement considérée comme étant la première du royaume. Elle était la résidence favorite de Zobéide, femme d'Aroun al-Raschid, par l'ordre de laquelle le palais fut bâti. Cet immense édifice, qui a été endommagé par des tremblements de terre, domine toute la ville.

« Pendant que j'étais à Tébriz, un événement me prouva, dit Fraser, que le sang d'un homme n'est pas toujours suffisamment payé aux parents de la victime au moyen de l'argent du meurtrier. J'appris qu'un jeune homme venait d'être assassiné, et que sa vieille mère réclamait la vie de l'assassin. Le misérable lui fut en conséquence livré, et, bien qu'elle fût indigente, elle ne voulut consentir à aucun arrangement. Elle le fit tenir devant elle, et le perça de cinquante coups de couteau, puis elle passa cette lame ensanglantée sur ses lèvres. »

Fraser, en compagnie de son compatriote, le major Montheilh, qui se trouvait alors à Tébriz, fit une excursion au grand lac Ouroumia. « Ses eaux ont, comme celles de la mer, une couleur bleu-foncé, rayée de bandes vertes, selon que la lumière y tombe, et elles sont extrêmement salées. Une grande quantité de sel est déposée sur les bords du lac, et un pavé de sel couvre le fond à une distance considérable sous l'eau. Enfin les alluvions et les efflorescences salines s'étendent à quelques centaines de pas du bord, et lui forment une ceinture d'une blancheur éblouissante. On ne trouve dans ce beau lac ni poisson, ni créature vivante, quelle qu'elle soit. Nous apprîmes que les eaux ont décru de beaucoup depuis une quinzaine d'années, au point qu'elles ont laissé le rivage à sec à une distance de cinq cents pas au moins.

« On ne put nous fournir aucune bonne raison qui expliquât ce phénomène. Les habitants, qui sont toujours enclins à donner à de tels faits une couleur merveilleuse, croient qu'une grande bête qui vit dans le lac boit l'eau, et avec le temps l'absorbera en entier. Cet événement, suivant eux, a déjà failli arriver ; ils racontent qu'il y a bien des années, un matin les habitants furent bien étonnés de ne plus voir le lac comme à l'ordinaire, et qu'étant accourus sur ce qui était la veille son rivage, ils virent cette grande bête qui buvait l'eau avidement. Ils furent alors dans une grande consternation ; mais le lendemain le lac était revenu dans ses limites. »

Ce lac est entouré des plus fertiles districts de la Perse, mais plus loin, à l'ouest, s'étend une contrée sauvage et montagneuse où le Tigre prend sa source; cette région est habitée par une race de chrétiens, reste de la nombreuse population qui remplissait tout le pays au temps des empereurs grecs, et qui fut contrainte par les mahométans à se réfugier dans les montagnes. Fraser, tout en regrettant de n'avoir pu recueillir que peu de détails sur ce peuple, en donne qui sont vraiment curieux.

« Il se divise en quatre tribus distinctes, vivant sous la domination d'une espèce de chef-primat, dont la dignité est héréditaire dans la famille, bien que les chefs de cette famille, réservés pour l'église, ne puissent se marier. Il y a ainsi, en général, deux fils voués au pontificat; les autres se marient pour conserver la descendance, et c'est le fils aîné du frère aîné qui succède toujours. Le nom de famille du chef actuel est *Martchimoren*. Il agit à la fois comme prêtre et comme général, conduisant son peuple à la prière et à la guerre, et ses sujets lui ont voué une obéissance absolue. Ils sont nestoriens et haïssent autant les catholiques romains que les mahométans, au point qu'ils mettent à mort tous ceux qui tombent entre leurs mains.

« Cette contrée est couverte de forêts et coupée de ravins profonds, sur lesquels sont jetés des ponts formés d'un ou de deux pins. Ces ponts sont mobiles et toujours gardés; de sorte que, quand un voyageur approche, on le hèle et on le reconnaît, pendant que le pont est dérangé et soutenu seulement par une corde. Si c'est une personne autorisée à passer, ils replacent le pont solidement, et le voyageur continue en paix ; s'il en est autrement, ils l'avertissent de retourner sur ses pas, ou bien ils le laissent avancer sur le pont, et alors, le laissant tomber, ils précipitent le passant dans l'abîme qui est au-dessous.

« Ces montagnards apportent aux habitants de la plaine du miel, de la cire, de la résine, de la laine, des bois de construction, des moutons, du bétail, du blé et du plomb, qu'ils extraient de leurs mines ; mais ils ne passent jamais les limites de leur territoire, où ils trouvent des personnes qui trafiquent ordinairement avec eux ; et jamais ils ne s'aventurent à entrer dans l'enceinte d'une ville. »

Fraser, ayant terminé son excursion, revint à Tébriz, qu'il quitta définitivement le 29 août 1822, afin de passer, par la voie de Tiflis et d'Odessa, à Vienne, et de là en Angleterre.

VI

GEORGES KEPPEL

VOYAGE DE L'INDE EN ANGLETERRE PAR BASSORA, BAGDAD,
LES RUINES DE BABYLONE, LES CÔTES OCCIDENTALES
DE LA MER CASPIENNE.

1824

Le capitaine Keppel s'embarqua à Bombay, en janvier 1824, avec une société composée de MM. Baillie, Hamilton, Lamb et Hart; avant d'atteindre Bassora, les voyageurs furent reçus chez un scheikh arabe. « Nous nous amusâmes beaucoup, dit Keppel, des réparties spirituelles du fils du sckeikh, jeune enfant de huit ans. Lui ayant demandé s'il était Arabe ou Persan, l'enfant, indigné de ce doute, mit la main à son poignard, et répondit d'un air irrité : « Grâce à « Dieu, je suis Arabe ! » exemple frappant de la haine qui existe entre les deux nations. »

De Bassora, la société remonta le Tigre à la remorque, pour se rendre à Badgad.

« Trois des nôtres, dit le capitaine, descendirent

pour chasser dans le désert, et eurent un plaisir infini. Les lièvres, les perdrix, les bécassines tombaient de toutes parts. A quatre heures, nous nous arrêtâmes dans des bruyères; bientôt tous les gens du bateau vinrent pour couper du bois de chauffage. Pendant cette opération, on réveilla un lion qui dormait à l'ombre des buissons. L'effroi se répandit parmi la troupe, et tous se précipitèrent vers le bateau, tandis que le lion fuyait d'un autre côté.

« Le gibier de toutes les espèces qui abondait devant nous nous rappela que nous étions dans l'ancien royaume de Nemrod, *ce puissant chasseur devant le Seigneur*. L'endroit par où nous passions en était pour ainsi dire encombré ; à chaque pas, nos bateliers tuaient des pélicans, des cygnes, des oies, des canards, des poules d'eau; nous apercevions des sangliers courir dans toutes les directions; une lionne suivait les mouvements de notre bateau, elle s'arrêta en fixant les yeux sur nous pendant quelques secondes. M. Hamilton et moi nous la couchâmes en joue à la distance de cinquante pas ; mais, comme nous n'avions qu'une faible charge, nous ne lui fîmes aucun mal. Le bruit de nos coups de fusil parut peu l'émouvoir, elle se retira d'un pas tranquille.

Nos voyageurs firent la rencontre d'un chasseur suivi de lévriers; ces animaux ont le poil aussi fin que de la soie. Les Arabes aiment beaucoup cette espèce; mais Mahomet ayant déclaré le chien immonde, les fidèles n'osent y toucher, excepté sur le sommet de la tête, seule partie que l'animal ne peut souiller avec sa langue. Le possesseur de ces lévriers était un vrai phénomène dans le désert, c'était un petit-maître arabe; son turban et sa tunique étaient ajustés avec une grande recherche; il avait peint ses sourcils, et trois ou quatre anneaux ornaient chacun de ses doigts.

Le 18, M. Hamilton quitta ses camarades pour faire par terre le reste de la route jusqu'à Bagdad. Après avoir traversé plusieurs camps arabes, il arriva à neuf heures du soir auprès d'un canal très-large, dont les bords avaient trente pieds d'élévation. Il rencontra un bey, suivi de quatre domestiques, portant des faucons sur leurs poings, et de plusieurs lévriers. Hamilton passa la première partie de la nuit dans la tente d'un autre Arabe. On amena une brebis devant la porte de la tente; une des filles de son hôte vint la traire et lui en présenta le lait. On étendit ensuite un tapis dans la partie la plus élevée de la tente, pour l'étranger, qui fut régalé de tabac, de café, de lait, de beurre et d'un agneau rôti. Lorsqu'il se remit en route, à trois heures du matin, le froid était si vif, qu'il fut obligé de descendre de cheval pour faire faire du feu. La chaleur avait été insupportable pendant le jour.

Le 19, au matin, il entra dans un autre camp arabe, et il fut reçu avec la même hospitalité; il déjeuna dans la tente du scheikh. Pendant le repas, on vint avertir celui-ci qu'un parti ennemi avait emmené quelques-uns de ses moutons. Aussitôt il saisit son épée et sa lance, prit un mousquet des mains d'un de ses soldats, sauta sur son cheval, sans selle, et fut en un clin d'œil dans le désert.

Le 20 mars, Hamilton arriva à Bagdad, où il trouva ses amis. Pendant leur séjour, ils allèrent voir un couvent de calenders.

« Ce monastère est situé à un quart de mille du pont, dit le capitaine : le bâtiment est élégant. On voit sur les murs de nombreuses inscriptions en caractères arabes et cafiques; la cour est remplie d'orangers et de vignes. Aussitôt que nous fûmes descendus de cheval, on nous mena chez le supérieur (scheikh-calender); nous le trouvâmes assis sur une peau de tigre; les murs de sa chambre étaient ornés d'armes anciennes, d'urnes d'airain, d'œufs d'autruche. Le scheikh portait un petit turban de toile, bordé de vert, nommé *tadji dereichau* (bonnet de derviche) : les autres calenders avaient des turbans de même sorte, avec des glands de soie rouge. Chacun d'eux portait suspendue à son cou une agate de l'épaisseur d'une pièce de cinq francs. On l'appelle *soung-i-*

tolsem (pierre-talisman); une autre plus grande, nommée *soung-i-canaut* (pierre de repos), est suspendue à la ceinture ; enfin i's portent encore une pierre ovale nommée *koumberia*, qui les accompagne au tombeau.

« Le scheikh était un petit homme de bonne mine, très-causeur, d'une grande vivacité ; sa mémoire était fournie d'une infinité d'anecdotes ; il a vu beaucoup de pays, et parlait très-bien la langue persane. A notre approche il récita quelques douzaines de rimes irrégulières, qui attestaient son humilité ; car il se donnait les épithètes de juif, infidèle, fripon, ivrogne. Immédiatement après, il commença un long discours pour nous remercier de l'honneur que nous faisions à un pauvre derviche retiré du monde. Nous aurions bien désiré obtenir de lui des renseignements sur le régime intérieur de sa maison, mais il aimait tant à s'entendre parler, que nous fûmes obligés de laisser là nos questions.

« Nous fûmes régalés d'un excellent déjeuner composé de lait, de dattes et de pâtisseries ; le café et la pipe ne furent pas oubliés, et nous quittâmes ces lieux, enchantés de l'accueil que nous y avions reçu. »

Dans le trajet de Bagdad à Kermanchad les Anglais faillirent être assassinés par des Kurdes, qui, pendant plusieurs nuits, épièrent l'occasion de les attaquer ; mais s'étant bien tenus sur leurs gardes, ils parvinrent à imposer à ces brigands.

A Kermanchad, Keppel fut témoin des funérailles de Mohammed-Ali, le fils aîné du roi de Perse, mort depuis deux ans, gouverneur de la province, et qui, suivant l'usage du pays, n'était pas encore enterré. Un grand concours de peuple assistait à cette lugubre cérémonie. Le fils aîné du défunt paraissait le plus affligé; ses yeux étaient rouges, les larmes coulaient abondamment le long de ses joues, et tout semblait attester sa piété filiale. Cependant la journée se termina par une scène scandaleuse : le convoi arriva à Mahidechl vers le coucher du soleil; le prince fit aussitôt évacuer le caravansérai, et s'y établit avec ses plus intimes amis. Le lendemain matin, las de boire et de chanter, il remonta à cheval et arriva à Kermanchad. En descendant à la porte du palais, Son Altesse tomba dans les bras de ses gens, qui le portèrent ivre-mort dans ses appartements. Le principal personnage qui accompagnait le prince dans son orgie était le moulahei-bachei, autrefois son gouverneur, et maintenant son compagnon de débauches. La personne qui donna ces renseignements à nos voyageurs avait été aussi de la partie; c'était un beau jeune homme, chef d'une tribu de Kurdes, dont l'extrême douleur avait attiré l'attention de Keppel pendant la fête funèbre. Il fit la description de l'orgie à laquelle il avait assisté, non sans interrompre plusieurs fois son récit par de bruyants éclats de rire.

Les Anglais firent connaissance d'un autre courtisan du prince, qui mérite une mention particulière : son nom est Moulah-Ali ; il est Arabe d'origine, quoiqu'il porte le costume persan. Cet homme, malgré son air doux et affable, est familier avec toute espèce de crimes ; il se plaît à raconter ses infâmes prouesses comme choses toutes naturelles et indifférentes. Ses manières sont engageantes, ils possède au dernier degré cette sorte de politesse qui distingue les habitants de ces contrées.

Il habitait quelque temps auparavant Mendali, ville turque à l'extrême frontière ; ami intime alors de Davoud-Pacha, il était toujours prêt à commettre les assassinats qui lui étaient ordonnés. Un jour de fête il invita à un festin seize personnes dont il voulait se défaire ; il mit à côté de chacune d'elles un de ses affidés, et au milieu du repas il donna le signal de les massacrer, en plongeant un poignard dans le sein de son voisin. Comme on le pense bien, l'amitié existante entre Moulah-Ali et le pacha ne fut pas de longue durée, les deux scélérats devinrent bientôt mortels ennemis. Soixante-dix membres de la famille du premier ont été victimes de la vengaance du pacha. Mais il n'a pas été longtemps à prendre sa revanche ; on le vit bientôt quitter Mandali à la tête des gens de sa tribu ; il se retira dans le désert, se jetant sur les caravanes turques qui passaient, afin, disait-il, de couper le plus possible de ces têtes à turbans. Comme les Anglais donnaient une grande attention à son récit, il crut que ces étrangers prenaient à lui un très-vif intérêt et leur en témoigna ses remerciements. Un d'eux, frappé de la quantité de clous dorés qui ornaient ses pistolets, lui en ayant demandé la raison, Moulah-Ali répondit que chaque clou indiquait un ennemi tué par ces pistolets.

Le capitaine logea à Kermanchad chez deux officiers français, MM. Deveau et Court (1), employés dans l'armée du prince ; ils lui racontèrent une anecdote qui caractérise les mœurs de ces pays barbares.

Un certain Gaspar-Khan, employé par la cour de Perse, vint à Kermanchad, où il fut très-bien reçu par le prince, qui après dîner l'invita à visiter avec lui ses jardins. Son Altesse lui demanda s'il ne manquait pas quelque chose à son parc ; le khan répondit que rien n'y manquait. « Tu te trompes, répliqua aussitôt le prince, il me faut un arbre qui se nomme Gaspar-Khan (2), et je

---

(1) M. Court a suivi son ami le général Allard à Lahore, et l'a aidé à discipliner les troupes de cet État : il y réside encore.

(2) Pour l'intelligence de ceci, il faut se rappeler qu'il existe en Perse un horrible supplice consistant à enterrer un homme tout vivant, la tête la première et les jambes en l'air.

veux le faire planter sur-le-champ. » Puis il ajouta : « Tu m'as desservi auprès du roi, prépare-toi à la mort. » Le khan obtint cependant sa grâce.

Les Anglais se rendirent ensuite à Hamadan, l'ancienne Ecbatane, et là ils se séparèrent : les uns prirent la route du Kurdistan, les autres celle de Téhéran, et Keppel fut du nombre de ces derniers. Nous ne le suivrons pas dans cette capitale, parce que sa relation ne contient aucun détail nouveau ; nous le rejoindrons à Bakou, ville russe sur les bords de la mer Caspienne.

Non loin de cette ville il y avait du temps des Guèbres une cité célèbre par ses temples. Un nombre immense de pèlerins y venaient chaque année. Ce concours ne cessa que lorsque Héraclius, dans sa seconde expédition contre les Perses, eut détruit les temples des mages. Cependant cette superstition n'est pas entièrement éteinte. Il existe encore un temple des adorateurs du feu. Keppel fut curieux de vérifier ce fait par ses propres yeux. Nous allons le laisser parler lui-même :

« Le 6 juillet, je partis de bon matin, je me dirigeai au nord-est, et après avoir fait seize milles, nous nous trouvâmes à l'extrémité de la péninsule d'Abéhéran, près d'une montagne que nous gravîmes. Arrivé au sommet, j'aperçus le temple objet de ma curiosité. Ce temple est un bâtiment carré, entouré d'un grand mur à cinq pans, dont il occupe à peu près le centre. Trois marches à chaque façade conduisent à l'entrée de l'édifice. On voit suspendues au plancher trois cloches de différentes grandeurs. A chaque coin est une colonne creuse, plus élevée que tout le reste et du sommet de laquelle sort une grande flamme. Au milieu brûle du naphte enflammé, et au dehors on voit plusieurs autres feux en pleine activité. Le mur renferme dans sa partie intérieure dix-neuf petites cellules habitées chacune par un pèlerin. Après avoir remis mon cheval à mon domestique, je suivis un de ces pèlerins qui me conduisit d'abord à une cellule où je vis un homme que je reconnus pour un bramin. Quand sa prière fut terminée, il me dit que j'étais le bienvenu dans son humble retraite, et me conduisit aux autres cellules, que je trouvai toutes d'une propreté remarquable.

« Dans le temple je vis la figure de Vichnou, devant laquelle se prosterna un pèlerin. Un prêtre lui versa dans la main quelques gouttes d'huile, dont il avala une partie et s'oignit les cheveux avec le reste. Cet homme avait été cipaye dans l'armée de l'Inde; il était le seul ici qui eût quelque idée de l'existence d'une nation anglaise; on m'apprit que les pèlerins se relevaient tous les deux à trois ans, mais le *pandit* (chef) y reste pendant toute sa vie entière.

« Au delà du temple est un puits dont l'eau est

saturée de naphte. Un pèlerin étendit sa robe sur le puits pendant quelques minutes, et nous engagea à nous éloigner un peu. Il y jeta ensuite une paille enflammée, et aussitôt il se fit une détonation semblable à l'explosion d'un caisson d'artillerie, accompagnée d'une flamme brillante. On voulait que je restasse jusqu'au soir pour jouir du spectacle de tous les feux pendant la nuit, mais le désir d'accélérer mon retour l'emporta sur ma curiosité. Je passai, en revenant, à travers plusieurs villages dont les habitants s'occupent à recueillir le naphte. Le soir j'arrivai à Bakou. »

Après être resté là trois jours, Keppel prit la route d'Europe, et visita d'abord Derbend, capitale du Daghestan. La grande muraille que l'on remarque près de cette ville s'aperçoit du haut de la montagne, et la limpidité de l'eau permet d'en suivre les traces jusqu'à une grande distance dans la mer. La ville elle-même, bien fortifiée, se divise en trois quartiers ; le plus élevé forme un carré d'un demi-mille, où est la citadelle. Les murs sont faits de gros blocs d'une pierre compacte et de couleur sombre. Le ciment qui les réunit est caché sous une étroite bande de pierre superposée sur chaque jointure.

Il y a soixante bastions, qui se présentent à des intervalles égaux. On voit sur une porte une inscription de Cosroës, roi de Perse. Ce monarque attachait une telle importance à la possession de cette place, qu'il accorda aux gouverneurs de Derbend le privilége de s'asseoir sur un trône d'or.

On varie beaucoup en conjectures sur le premier fondateur de ces murs, quoiqu'on soit généralement d'accord sur leur extrême antiquité. Il est probable que ce mur se terminait à quelque défilé du Caucase, et qu'il fut élevé pour fermer le passage aux invasions des Tartares septentrionaux. Dans des temps plus modernes, Derbend a été alternativement dans les mains des Turcs, des Tartares, des Arabes, des Perses et des Russes. Ces derniers en sont maintenant les maîtres pour la seconde fois.

Au moment de quitter Derbend, Keppel se sépara de son domestique persan, et prit un Cosaque, dont il trace le portrait suivant : « C'était un grand diable haut de près de six pieds, aux yeux noirs, au nez aquilin, avec une paire de moustaches qui lui couvraient le visage. Son costume était celui des Tartares-Lesghis : un petit bonnet serrant la tête et entourée d'une fourrure de même couleur que ses moustaches ; une robe d'une étoffe bleue qui descendait jusqu'aux genoux ; sur sa poitrine était une sorte de giberne. Il avait autour du corps une étroite ceinture de cuir, à laquelle étaient attachés un fusil, un briquet et une petite pipe, un joli poignard, une paire de pistolets et un fouet. Il avait à ses pieds des espèces de sandales attachées par des lacets serrés autour de la jambe jusqu'aux genoux. Cette chaussure est en usage chez les montagnards du Kurdistan et de la Perse, aussi bien que tout le long du Caucase. J'oubliais un article important dans l'énumération des objets d'équipement de mon Tartare : c'est la bouteille d'eau-de-vie russe, sa seule ressource contre la faim, la soif et la fatigue. Sur l'observation que je lui fis que, jusqu'à notre arrivée à Kizlar, il fallait qu'il fût toujours sur pied et se contentât du peu de temps que je lui accorderais pour dormir, il me répondit qu'il ne dormirait pas du tout ; et il tint parole. »

De stations en stations, Keppel, toujours à cheval, traversa la populeuse province appartenante au Cham-Khât. Le représentant actuel de cette famille, quoique privé de son autorité par les Russes, a conservé le grade de lieutenant général. La capitale de ce district est Tarki ; mais le Cham-Khât réside dans un village situé sur le revers d'une colline d'où l'on jouit d'une vue magnifique, qui s'étend sur des monts couverts d'arbres touffus et sur des vallées arrosées de ruisseaux limpides.

« Mon Tartare avait tellement excité ma curiosité, que je me détournai de ma route pour voir Cham-Khât, pour lequel j'avais d'ailleurs une lettre de recommandation. J'espérais donc être bien reçu ; mais je ne trouvai dans le rejeton d'une race royale, dont chaque membre peut manger un mouton entier à chaque repas, qu'un Tartare à barbe rousse, dont l'air maussade me déplut. Notre entrevue fut courte ; c'est le premier mahométan incivil que j'aie rencontré. Aussi je ne perdis pas de temps pour remonter à cheval, et ne mis pas plus de cérémonie à le quitter qu'il n'en avait mis à me recevoir. »

A Kizlar, dernière station, on commence à voyager en voiture. A peine hors des faubourgs, on entre dans le grand désert d'Astrakhan. A l'exception des maîtres de poste et de leurs gens, on ne voit pas un seul individu, mais dans l'hiver vingt-quatre familles viennent camper dans ce désert, et se retirent en été sur les différentes branches du Caucase. Les relais de postes sont tenus tantôt par des Calmouks, tantôt par des Cosaques ; le contraste de ces deux nations est amusant. A un relais, vous êtes conduit par un Russe à cheveux touffus, à longue barbe, à chapeau européen ; à l'autre, votre postillon est un Calmouck à la tête rase, sans barbe, en bonnet jaune et en bottes rouges. Quel que soit le conducteur, il ménage son fouet. Lorsque les chevaux ralentissent le pas, il entonne un air, qui, semblable à la mélodie d'Orphée, charme tellement les oreilles de ces pauvres bêtes, qu'elles ne manquent jamais de redoubler d'ardeur.

Keppel arriva heureusement à Astrakhan, d'où il partit pour Londres par la route de Saint-Pétersbourg.

VII

ROBERT MIGNAN

VOYAGE EN CHALDÉE

1827

Le capitaine Mignan s'embarqua à Bassora le 22 octobre 1827, avec le projet de se rendre à Bagdad. Voici d'abord quelques détails qu'il donne sur les habitants des rives du fleuve. « Ayant acheté une couple de moutons pour mes gens, je fus témoin de la manière curieuse dont on fait cuire ces animaux. On les éventra ; une partie des entrailles et les pieds furent trempés une ou deux fois dans l'eau et ensuite mangés crus. Le reste de la bête, sans avoir été ni écorché ni dépouillé, fut mis dans une marmite et bouilli à moitié ; alors les Arabes burent le bouillon et dévorèrent avec avidité les chairs à peine chauffées.

« Au point du jour nous arrivâmes à un petit camp composé de huttes formées avec des feuilles de dattiers. Les femmes couvertes de haillons, les hommes vêtus de manteaux en lambeaux, les enfants entièrement nus, et tous fuyant à mon approche, furent les objets qui fixèrent mon attention. Une pauvre femme plus hardie que le reste se hasarda à venir en avant et cria à nos gardes : « Comment! comment! vous avez amené un homme sauvage parmi nous? » La vue d'une barbe assez longue justifiait jusqu'à un certain point l'apostrophe de cette femme. En quittant ces pauvres gens, nous leur jetâmes des dattes, ce qui causa un tumulte momentané, mais leur procura en définitive le plaisir habituel d'un pillage fructueux.

« Au coucher du soleil, je traversai un camp considérable d'Arabes. Ils furent aussi civils et respectueux que ceux que j'avais rencontrés jusque alors, et paraissaient vivre absolument comme aux premiers âges, s'occupant principalement à faire des étoffes avec la laine de leurs moutons. Ils la filent d'abord, la roulent autour de petits cailloux qu'ils suspendent ensuite à un bâton placé horizontalement entre des arbres ou des arbrisseaux, et forment ainsi la chaîne; ensuite, passant alternativement d'autres fils entre les premiers, ils tissent l'étoffe dont ils font leurs vêtements. Nous ne trouvâmes dans aucun de leurs camps, ni une goutte de lait, ni un œuf. »

Au sujet des ruines de Ctésiphon et de Séleucie, le voyageur s'exprime ainsi : « Les richesses que renfermait l'édifice antique dont on voit les restes à Ctésiphon, paraissent avoir été immenses. Le sac du palais par les Sarrasins eut lieu en l'année 637. La capitale fut prise d'assaut, et la tumultueuse résistance du peuple ne fit qu'aiguiser le glaive des Musulmans. Les pauvres voleurs du désert furent tout à coup enrichis au delà de ce qu'ils pouvaient espérer ou même supposer. Chaque chambre présentait un trésor caché avec art ou étalé avec ostentation ; l'or et l'argent, les habillements variés et les meubles somptueux surpassaient, suivant les historiens arabes, ce que l'imagination avait pu estimer ou calculer. Un des appartements du palais était orné d'un tapis de soie de soixante coudées de long et autant de large. Le fond représentait un jardin ; les fleurs, les fruits et les arbustes étaient en broderie d'or et en pierres précieuses de différentes couleurs.

« Ayant examiné les ruines de Ctésiphon, je me rendis sur l'emplacement de la ville grecque, autrefois si magnifique, si peuplée, et à chaque pas j'eus occasion de réfléchir sur la scène de désolation qui se présentait à moi aussi loin que ma vue pouvait s'étendre. Le temps, la violence et des inondations répétées ont tout mis de niveau. Je cherchai en vain des vestiges de monuments, des colonnes, des aqueducs, des édifices, je ne trouvai rien : les chétifs restes d'un mur et quelques parties d'un ouvrage en brique, des tas de décombres, voilà tout ce qui reste de Séleucie. »

M. Mignan raconte qu'en mars 1812, à un

endroit nommé par les habitants Haomania, et situé sur le fleuve à une distance considérable au-dessous de ces ruines, l'équipage d'un bateau qui coupait du bois découvrit des morceaux d'argent. Dans le partage de ce trésor, il s'éleva une querelle entre ces gens; alors un des hommes de la bande courut à Bagdad, et informa les officiers du pacha de ce qui venait de se passer. Ceux-ci envoyèrent aussitôt du monde sur les lieux, et après une enquête ils trouvèrent et emportèrent de six à sept cents lingots d'argent qui avaient un pouce et demi de long, et un vase de terre contenant plus de deux mille médailles athéniennes, toutes d'argent; un grand nombre furent achetés par le résident de la Compagnie des Indes de Bagdad. Le gouvernement anglais en fit depuis l'acquisition, et elles sont déposées dans le muséum de Londres. On ne trouva aucune médaille en or ni en bronze.

Nous ne suivrons pas l'auteur dans les différents endroits où il fit exécuter des fouilles, qui lui procurèrent cependant des objets d'art et des manuscrits assez curieux, et nous terminerons cet extrait par la description qu'il fait d'un végétal remarquable : « L'alhagi (hedysarum alhagi-Linneus) est une jolie plante qui offre un exemple magnifique de la bonté miséricordieuse de la Providence. Elle est très-commune dans les déserts de l'Arabie, de l'Inde, de l'Afrique, de la Tartarie et de la Perse. Dans toutes ces solitudes c'est la seule nourriture du chameau. La verdure constante de l'alhagi réjouit l'œil du voyageur ; la propriété que possèdent ses racines longues et coriaces de recueillir la faible humidité qui se trouve dans ces plaines arides, propriété bien connue des Arabes, fait que ceux-ci s'en servent pour aider à la production d'une nourriture agréable et salubre. La tige de l'alhagi est au printemps partagée près de la tige ; les Arabes insèrent dans cette fissure une graine de melon d'eau et replacent la terre près de la tige. La graine devient ainsi un végétal parasite, et la substance nutritive que les frêles racines du melon d'eau ne sont pas propres à recueillir, est fournie abondamment par les fibres de l'alhagi, qui s'enfoncent à une plus grande profondeur et qui sont plus fermes. C'est par ce moyen que les Arabes forcent un sol rebelle à toute sorte de culture à leur fournir périodiquement une grande quantité de melons d'eau. L'alhagi ne montre ses petites feuilles ovales que pendant quelques jours du printemps. Ses belles fleurs cramoisies paraissent plus tard dans la même saison ; elles sont suivies de la petite gousse en forme de collier qui caractérise les sainfoins. »

VIII

J.-H. STOCQUELER

VOYAGE DANS LES PARTIES PEU CONNUES DU KHOUZISTAN
ET DE LA PERSE

1831-1832

Stocqueler, parti de Bombay comme les précédents voyageurs, s'embarqua comme eux sur le golfe Persique ; mais, au lieu de remonter le Tigre, il suivit le cours du Chat-el-Arab, qui le porta dans le Karoun. « En arrivant à Mahemmarrah, dit-il, je remis mes lettres au scheikh des Chabiens ; il me donna un guide qui devait me garantir des attaques des habitants des villages répandus sur les rives du Karoun. A quelques milles au delà du village de Hérat, sur le Hafar, je n'aperçus plus de bosquets de dattiers ; les bords de la rivière n'offraient qu'une rangée étroite de tamarins et d'autres arbrisseaux sauvages. Je descendis à terre, et, pendant une promenade de deux heures, je ne traversai pas moins de cinq lits d'anciens canaux maintenant à sec. On s'imaginerait que les bords du Hafar sont déserts, si l'on n'y apercevait de temps en temps une antilope, un lièvre, un chacal, un lion ; rarement un oiseau trouble la tranquillité de ces lieux.

Parvenu à Ahvas, le voyageur se disputa avec son guide et fut forcé de l'abandonner, ce qui lui causa de sérieuses craintes pour l'avenir. « Nos appréhensions, dit-il, n'étaient pas dénuées de fondement. Dans la soirée suivante, nous arrivâmes au village de Oueiss. A peine avions-nous amarré notre bateau, que le scheikh, suivi d'une vingtaine d'hommes, vint à bord. Ces gens nous sommèrent de payer à l'instant cent piastres, faute de quoi ils menacèrent de couper la gorge à l'Engresi (l'Anglais), de s'emparer de tous ceux qui étaient avec lui, de piller la cargaison et de défoncer la barque. Remontrances, menaces, discours persuasifs, promesses, tout fut inutile. Le scheikh lui-même détacha d'un coup de sabre la voile de la vergue, et une douzaine de sabres furent tirés pour mettre à exécution ces projets sanguinaires. Dans cette conjoncture, un homme d'une figure sinistre, mais qui avait une voix douce et des manières insinuantes, et qui escortait un autre bateau, entreprit, moyennant salaire, d'être mon médiateur auprès du scheikh turbulent, et de sauver ma tête. Le scheikh consentit à négocier ; aussitôt que l'arrangement eut été conclu, il s'en alla avec sa bande, et mon entremetteur resta avec moi.

« Bientôt les intentions de cet agent bénévole

se dévoilèrent : il avait voulu s'assurer une prime honnête, puis me laisser, moi et mes gens, à la merci des Ouessites. Après avoir demeuré environ une heure avec moi, il me planta là ; mais il ne tarda pas à venir avec le scheikh et ses gens, et les encouragea à user de violence. Comme nous n'étions pas en état de nous mesurer avec nos agresseurs, j'eus recours à un stratagème. J'entrai dans la chambre du bateau, j'y pris mes pistolets et un sac de piastres ; je jetai celles-ci sur le tillac, et je déclarai à ces brigands que, puisqu'ils m'avaient enlevé tout ce que je possédais, je ne faisais plus cas de la vie, et qu'à la première démonstration hostile je brûlerais la cervelle au scheikh et au négociateur. Cette démonstration produisit du calme ; les bandits ramassèrent le sac et partirent en murmurant.

« Quand ils s'en furent allés, je dis aux haleurs de se mettre à la besogne, afin que nous pussions arriver à Chousta ; mais le patron proposa un parti différent : comme il était allé à terre, il avait appris que les brigands avaient formé le dessein de les attaquer un peu plus loin, et il pensait qu'il nous serait impossible de nous tirer d'une seconde rencontre. Il ne nous restait donc d'autre parti à prendre que de retourner à Bassora, et de chercher à obtenir une réparation du dommage que nous avions éprouvé. En conséquence, favorisés par la nuit, nous défîmes notre amarre, et nous laissâmes notre bateau suivre silencieusement le cours du fleuve ; mais la force du courant nous poussant contre la rive, à une petite distance du village, les habitants nous entendirent, et bientôt les cris de *el Franghi ! el Franghi !* retentirent de toutes parts. La peur nous donna de la force ; nous eûmes bientôt regagné le milieu de la rivière, quoique les assaillants ne cessassent pas de tirer sur nous. Couchés dans le bateau, nous tenions constamment les yeux sur la berge, et nous ne faisions feu que lorsque nous pouvions agir avec efficacité. Nous fûmes poursuivis pendant deux heures, sans autre mal qu'une blessure que reçut un rameur, et des trous qui furent faits à quelques-unes de nos planches.

« Il était évident que les Ouessites avaient fait connaître notre retraite au scheikh d'Ahvas pendant la nuit, car, lorsque nous approchâmes de cette ville le lendemain matin, une troupe d'hommes assemblés sur le rivage guettait notre arrivée ; c'est pourquoi nous serrâmes de près le bord opposé, restant sourds à toutes les invitations de traverser la rivière. Ce ne fut que plusieurs milles plus bas qu'apercevant le vieux scheikh d'Ahvas, qui venait seul et désarmé, nous consentîmes à aborder de son côté pour lui parler. Il me supplia instamment de continuer mon voyage jusqu'à Chouster, offrant de m'accompagner et de répondre de ma sûreté. N'ayant pas grande foi dans les assurances de cet homme, et croyant qu'on avait une forte propension à se défaire de moi, je ne fis pas attention à ses instances, et je continuai ma route. »

Stocqueler revint donc à Mahemmarrah; mais là il rencontra des obstacles encore plus sérieux que ceux qui l'avaient forcé de rétrograder. La guerre régnait dans ces contrées, et toutes les routes étaient fermées à notre voyageur. Heureusement pour lui il trouva un Grec qui avait servi dans l'armée anglaise, et qui lui conseilla de s'offrir au scheikh des Chabiens pour exercer la médecine; c'était le seul moyen qui restât pour essayer de pénétrer en Perse. Bien que Stocqueler n'eût aucune connaissance chirurgicale, il paya d'audace, se présenta au scheikh, et, lui faisant un grand étalage de sa science médicale, il lui montra sa caisse de médicaments. Le scheikh l'accueillit fort bien, et le mit tout de suite à l'œuvre.

« Ayant, dit-il, passé sept jours à faire le médecin, je me présentai chez le scheikh, et j'exposai que je désirais aller à Bebehan à travers le territoire de Chab; il m'offrit un guide et une lettre pour son frère Mohader-Khan, prince de Chab. Le lendemain je m'embarquai dans un petit bateau avec mon guide. Pendant plusieurs heures nous remontâmes le Karoun jusqu'au confluent du Djerahi, le *Pasitigris* des anciens; alors nous nous dirigeâmes à l'est, à travers des marais immenses habités par des oiseaux sauvages, et infestés de cousins dont les piqûres continuelles causaient des douleurs incroyables. Enfin le jour suivant, à midi, nous arrivâmes au palais.

« Mohader-Khan m'accueillit avec une bienveillance extraordinaire : « Bon, bon, admirable ! s'écria-t-il en persan, te voilà donc en personne ; il y a longtemps que je n'ai vu d'Anglais ; mais je n'ai pas oublié que c'est une grande nation. » Ensuite il causa avec moi sur mes projets, et montra beaucoup de curiosité pour ce qui concerne nos chasses, mais ne témoigna que peu d'intérêt pour des objets plus importants, parce que, disait-il, je suis très-bien instruit de toutes les affaires des Européens et de leurs empires. »

Mohader-Khan, prince de Chab et le chef le plus puissant du sud-ouest de la Perse, est très-respecté par toutes les tribus qui peuplent cette vaste contrée. Comme son frère, il donna un guide au voyageur, et voulut que le trajet jusqu'à Bebehan se fît à ses propres frais.

Stocqueler n'eut qu'à se louer de la réception qu'on lui fit à Bebehan ; il fut le héros d'une anecdote assez singulière qu'il raconte ainsi : « Les khans et les lettrés de Bebehan prennent beaucoup de café, mais ce n'est pas à la manière des Turcs, des Arabes, ni des Européens. C'est une espèce de friandise qu'on mange grillée et réduite en poudre. Lorsque le vizir me rendait visite, il était toujours accompagné de son porte-café qui avait la précieuse poudre renfermée dans une tabatière, et la présentait fréquemment à la compagnie. La première fois qu'on me l'offrit, trompé par la couleur et la nature de l'objet, et fortifié dans mon idée par la boîte qui le contenait, je pris une pincée de café, et je l'appliquai à mes narines ; aussitôt des éclats de rire immodérés et des regards de surprise de tous ceux qui m'entouraient m'avertirent que j'avais commis quelque balourdise. »

Après de mûres réflexions, Stocqueler vit qu'une seule route lui était ouverte pour aller en Perse : c'était celle qui traverse les monts Bakhtyari, qu'aucun voyageur européen n'avait encore suivie, parce que ces monts formidables sont le repaire de brigands sanguinaires, qui regardent comme un acte méritoire de tuer un chrétien. Confiant dans son courage, il partit le 10 juin. Tant que sa troupe fut sur le territoire soumis à l'autorité du prince de Bebehan, elle ne souffrit aucune vexation ; « mais plus loin, il nous arriva, dit l'auteur, une de ces aventures malheureuses qui rendent les voyageurs des personnages très-intéressants pour ceux qui lisent tranquillement leur relation au coin du feu, mais qui sont très-désagréables pour quiconque y figure réellement ; en un mot nous fûmes attaqués et volés. Voici comment la chose se passa :

« Nous venions de laisser derrière nous la partie boisée des montagnes et d'entrer dans une de ces vastes plaines ondulées qui distinguent la partie unie de l'Iran. Nous étions un peu éloignés les uns des autres; nous allions monter une petite éminence, quand un cavalier richement vêtu parut tout à coup au sommet, et, tirant en l'air un coup de pistolet pour signal d'attaque, se précipita en bas, suivi de plusieurs autres. Les bergers s'enfuirent pour chercher sûreté et secours; sauve qui peut! fut le cri général. Néanmoins ils se rallièrent, et il s'ensuivit une escarmouche très-vive, qui se termina par la déconfiture complète de ma troupe; ensuite mes gens furent réunis comme des moutons; on leur banda les yeux, on leur lia les mains derrière le dos, et on les dépouilla. Quant à moi, quoique j'eusse pris une part aussi active que mes compagnons au combat, les assaillants ne me firent éprouver aucune violence personnelle, et je fus simplement dépouillé de tout ce que je possédais de précieux.

« Aussitôt que les brigands se furent assurés de la victoire et eurent lié mes gens, ils s'avancèrent à cheval vers moi ; ils tirèrent leurs fusils en l'air et me crièrent : *Hakinsaheb bischin* (Monsieur le docteur, asseyez-vous); il fallut obéir. Alors ils me bandèrent les yeux, emmenèrent les mulets et les chevaux sur un coteau, puis, prenant avec eux un marchand qui peu de jours auparavant s'était joint à mon escorte, ils lui dirent de leur indiquer ce qui appartenait à l'Anglais; il leur obéit à l'instant; aussitôt ils coupèrent en pièces mes kourdjis ou sacs de voyage, et prirent tout ce qu'ils contenaient.

« Ils terminèrent cette opération par rosser le marchand si vertement, qu'il ne pouvait se tenir debout; c'était sans doute pour lui témoigner leur reconnaissance de son zèle officieux; puis ils s'en allèrent au galop.

« Sur ces entrefaites, n'ayant pas les mains liées, je défis le bandage de mes yeux; je trouvai tous mes compagnons le visage contre terre. Je les invitai à se relever et à recommencer le combat; mais la seule réponse que je pus en tirer fut celle-ci : « O Monsieur, ne parlez pas, ne parlez pas! on va nous couper la gorge à tous; c'est une chose déterminée, nous sommes des hommes morts. »

« Alors le pauvre marchand descendit le coteau en pleurant et en nous criant de nous lever; ce que chacun fit. Ensuite nous gagnâmes le haut du coteau et nous commençâmes à charger nos mulets, au milieu des lamentations pitoyables du marchand et de mon guide. Celui-ci avait pris la liberté de placer sur un de mes mulets un grand sac de pièces d'or appartenant au prince, et avait réalisé ainsi les idées des montagnards relativement à la richesse des Anglais; mais la perte qu'il faisait par là éprouver à son maître lui devait coûter les yeux et probablement la tête. »

Malgré cet incident, Stocqueler continua sa route au nord et atteignit Ispahan. Sa narration ne contenant plus rien d'intéressant, ou que nous n'ayons déjà remarqué dans d'autres voyageurs, nous terminons ici notre extrait.

IX

BURCKHARDT

VOYAGE EN ARABIE

1814-1817

Toutes les personnes qui s'occupent des sciences géographiques et de l'histoire des voyages, regardent Burckhardt comme un modèle d'exactitude et de sagacité; nul n'a montré plus de discernement et de vérité dans le tableau des lieux et des coutumes qu'il a pu observer. Le pays qu'il a visité est un des plus remarquables de l'Asie : c'est la province du Hedjaz, regardée comme sacrée par les mahométans, parce que leurs villes saintes de la Mecque et de Médine y sont situées. Mais, avant de suivre le célèbre voyageur dans ses courses aventureuses, nous allons dire quelques mots de ceux qui, avant lui, ont foulé ce sol vénéré des musulmans.

Le premier qui ait laissé une relation écrite est l'Arabe Ibn-Batouba, né à Tanger vers 1300, qui accomplit le pèlerinage de la Mecque, dont sa religion lui faisait un devoir. Un Italien, nommé Barthoma, paraît être le premier Européen qui ait franchi l'entrée presque impénétrable de la ville sainte. Ayant revêtu le costume oriental, il parvint en 1503 à Médine, puis à la Mecque. Le Marseillais Vincent Leblanc eut le même succès en 1570, puis l'Anglais Pitt en 1678. Il devait s'écouler un assez long laps de temps avant que d'autres Européens pussent arriver jusqu'au sanctuaire de la Kaaba. Cet honneur était réservé à un Espagnol et à un Suisse. Le premier, appelé Dominique Badia-y-Leblick, de la province des Asturies, et connu sous le nom d'Aly-Bey, ayant pris le costume musulman, entra en 1807 dans la Mecque, dont le schérif, trompé par la facilité du voyageur à parler arabe, lui permit de balayer et de parfumer la Kaaba, la plus grande faveur qui puisse être accordée à un pèlerin de distinction. Aly-Bey vit ensuite Médine, et revint au Caire et en Europe, d'où il repartit pour l'Arabie; il alla mourir à Damas en 1819.

Le second est Burckhardt, né à Lausanne en 1784; il avait déjà fait un séjour de trois ans en Syrie, voyagé en Égypte et en Nubie, quand il débarqua à Djidda en 1814. Dans un autre volume de cette collection (1) nous avons longuement parlé de son voyage en Nubie, qui n'était que le préliminaire de celui-ci, et nous avons

---

(1) Voyages en Abyssinie et en Nubie.

laissé Burckhardt à son arrivée à Djidda, où nous allons le retrouver.

Ce fut le 15 juillet 1814 qu'il y entra, et dès les premiers jours il éprouva de grandes contrariétés, car il était sans argent, et le négociant à qui on l'avait recommandé ne voulut pas lui en donner. Il fut obligé de vendre un esclave qu'il avait acheté à Chendy et auquel il tenait beaucoup; mais cet argent ne lui suffisant pas, il s'adressa directement à Mohammed-Aly, pacha d'Égypte, qui était dans le Hedjaz. Il en reçut un habillement complet et une bourse de cinq cents piastres (deux cents francs); il lui donnait ordre en même temps de se rendre à son quartier général, en lui faisant défense de traverser la Mecque. Un séjour très-prolongé à Djidda a mis Burckhardt à portée de faire des observations sur les habitants, et sur la ville, entrepôt principal du commerce de l'Inde et de l'Égypte d'un côté, et avec la Mecque et Médine de l'autre; une caravane part pour Médine une fois tous les quarante jours, et une autre part pour la Mecque tous les matins.

Les boutiques sont élevées au-dessus du sol de plusieurs pieds, et ont en avant un banc de pierre, sur lequel les acheteurs s'asseyent, et qui est ordinairement garanti du soleil par une petite tente composée de nattes attachées à de hautes perches. La plupart des boutiques n'ont pas plus de six à sept pieds de largeur sur la rue, et la profondeur est en général de dix à douze, avec une petite chambre derrière.

Il y a vingt-cinq boutiques où l'on vend du café; on en use avec excès dans le Hedjaz; il n'est pas rare de voir des personnes en boire vingt à trente tasses par jour; l'ouvrier le plus pauvre n'en prend jamais moins de trois ou quatre. Une de ces boutiques est fréquentée par les fumeurs de *haschih*; c'est une préparation composée de fleurs de chanvre mêlées avec du tabac.

Les cafés sont remplis de monde; les appartements, les bancs et les petites chaises sont en général fort sales; aussi n'y voit-on jamais de personnes respectables, mais les petits marchands et les marins s'y tiennent constamment. Un Arabe qui n'a pas le moyen d'inviter son ami à dîner, s'il le trouve au café, l'approche quand il le voit passer, l'engage à entrer et à prendre une tasse; il est extrêmement offensé si sa demande est refusée. Lorsque son ami arrive, il dit au garçon de lui apporter une tasse, et celui-ci, en la lui présentant, s'écrie tout haut, afin que chacun puisse l'entendre : *djeba* (gratis). Un Arabe qui trompe ses créanciers en se rendant coupable de mauvaise foi peut échapper à la censure publique; mais il serait couvert d'infamie si l'on savait qu'il a essayé de frustrer le garçon de café de ce qui lui est dû.

Près de la plupart des cafés se tient un homme qui vend de l'eau dans de petites cruches parfumées ; car les Orientaux boivent souvent de l'eau avant le café, mais jamais immédiatement après en avoir pris.

« Une fois, en Syrie, je fus, dit Burckhardt, reconnu pour un Européen, parce que j'avais demandé de l'eau au moment où je venais de boire du café. « Si tu étais de ce pays-ci, me dit le garçon, tu ne gâterais pas le goût du café dans ta bouche, en l'enlevant avec de l'eau. »

Les Arabes ont l'habitude d'avaler chaque matin une tasse pleine de *ghi* ou beurre fondu, ensuite ils boivent du café, ce qui est regardé comme un tonique puissant, et ils y sont tellement accoutumés depuis leur plus tendre enfance, qu'ils se sentiraient très-incommodés s'ils en discontinuaient l'usage. Les personnes des plus hautes classes se contentent de boire la tasse de beurre, mais celles des classes inférieures y ajoutent une demi-tasse de plus, qu'ils aspirent par les narines, supposant qu'ils empêcheront par là le mauvais air d'entrer dans leur corps par ces ouvertures. Cette pratique est universelle tant chez les habitants des villes que chez les Bédouins. Le peuple a également l'habitude de se frotter la poitrine, les épaules, les bras et les jambes avec du beurre, comme font les nègres, pour se rafraîchir la peau.

De tous les comestibles des Arabes, les dattes

sont ce qu'ils aiment le mieux, et ils conservent des traditions de leur Prophète qui montrent la supériorité des dattes sur toute espèce de nourriture. L'importation de ce fruit a lieu toute l'année sans interruption. A la fin de juin, le fruit nouveau, appelé *routeb*, arrive et dure deux mois ; ensuite, pendant le reste de l'année, on vend la pâte de dattes ou *adjoué*. Pour la faire, on presse avec force les dattes complétement mûres dans de larges paniers, jusqu'à ce qu'on les réduise en une sorte de masse solide et ferme, ou de gâteau : chaque panier pèse ordinairement deux cents livres. L'adjoué est apporté en cet état au marché par les Bédouins ; on le tire du panier, on le coupe et on le vend à la livre. Cet adjoué fait une partie de la nourriture quotidienne de toutes les classes d'habitants ; en voyage, on le fait dissoudre dans de l'eau, ce qui donne une boisson saine et rafraîchissante.

Le 24 août 1814 (11e du ramadhan, an 1830 de l'hégire), Burckhardt partit pour se rendre à l'invitation de Mohammed-Aly. A chaque station se trouvent des huttes où l'on vend du café et de l'eau, et des boutiques assez bien fournies de riz, d'oignons, de beurre, de dattes, etc. ; c'est ce que les Arabes appellent un *souk* ou marché, et de pareils endroits se rencontrent à chaque station de la chaîne de montagnes jusqu'en Yemen.

La caravane s'arrêtait le jour, suivant la coutume des Arabes du Hedjaz, qui ne voyagent que de nuit. Ces marches nocturnes sont très-défavorables aux investigations des curieux, qui traversent le pays à l'heure où ils ne peuvent examiner les objets; pendant le jour, la fatigue et le besoin de sommeil les disposent peu à la moindre excursion.

Le 26, Burckhardt aperçut la ville de la Mecque, où il ne devait pas encore entrer, et le lendemain il commença à gravir la haute chaîne de montagnes de *Djebel-Kora*; en descendant, il se reposa au petit village de *Ras-el-Rora*. « Ce village et ses environs, dit-il, forment le plus beau pays de tout le Hedjaz, et depuis le Liban je n'avais point vu de lieu plus pittoresque et plus délicieux. Le sommet du Djebel-Kora est plat, mais couvert de masses épaisses de granit, noircies par le soleil. Plusieurs petits ruisseaux se précipitent de cette hauteur et courent arroser une plaine couverte d'une verdure épaisse et d'arbres à larges ombres qui appuient leurs troncs contre les rochers. Pour ceux qui ont seulement entrevu les sables désolés et respiré l'air suffocant des parties inférieures du Hedjaz, ce site est aussi surprenant que l'air balsamique, qui y souffle sans cesse, est frais et délicieux. On trouve là beaucoup d'arbres fruitiers d'Europe : figuiers, abricotiers, pêchers, pruniers, amandiers, grenadiers et surtout la vigne, qui y produit d'excellent raisin. Je n'y ai point vu de palmiers, mais quelques nebeks seulement. Les champs produisent du froment, de l'orge et des oignons. Chaque belad, c'est ainsi qu'on nomme les champs enclos d'une muraille basse, est la propriété d'un Bédouin Hadheït.

« Après avoir traversé ce délicieux district pendant une demi-heure à peu près, au moment du lever du soleil, et quand chaque arbuste, couvert de rosée, répandait un parfum exquis, je fis halte près du plus considérable des ruisseaux, qui n'a pas plus de six pieds de large, et cependant entretient sur ses bords un gazon épais et vert, que le Nil fécond ne peut jamais produire en Égypte. La bonté des eaux du Ras-el-Kora est célèbre dans la province ; lorsque Mohammed-Aly demeurait à la Mecque et à Djidda, on lui envoyait d'Égypte, par chaque flotte, sa provision d'eau du Nil dans de larges vases d'étain ; mais en passant ici il trouva les eaux si excellentes, qu'un chameau est tous les jours expédié de Taïf pour lui en apporter.

« Les maisons des Hadheïts auxquels appartiennent les plantations sont éparses dans les champs par groupes de quatre ou cinq ; elles sont petites, bâties en pierre et en terre détrempée, mais avec plus de soin que l'on ne devait attendre des rudes mains de ceux qui les habitent. Chaque maison renferme trois ou quatre chambres, séparées les unes des autres par un étroit espace ouvert, qui en fait autant de petites chaumières détachées. Ces appartements ne reçoivent le jour que par la porte. Ils sont très-propres et renferment un mobilier bédouin, quelques bons tapis, des sacs de laine et de cuir, quelques tasses de bois, un fusil à mèche dont on prend grand soin, et qui est toujours dans un fourreau de cuir. Je dormis sur une large peau de vache bien tannée; ma couverture était faite de petites peaux de mouton cousues ensemble, pareilles à celles dont on se sert en Nubie.

« Une demi-heure après avoir quitté ce lieu pittoresque, nous entrâmes dans la vallée de Ouadé-Mohram, fertile et bien cultivée, et qui est arrosée non par des eaux courantes, mais avec l'eau des puits. Les laboureurs puisent l'eau avec des seaux de cuir suspendus à une chaîne de fer passée dans une poulie, et à l'autre bout ils attellent une vache qui s'éloigne à une distance suffisante pour faire sortir le seau, ensuite elle est ramenée pour recommencer ce manége. Ces vaches, les mêmes que toutes celles du Hedjaz, sont petites, mais fortes et robustes; leurs cornes sont courtes et obtuses, elles ont sur le dos, justement au-dessous de l'épaule, une bosse haute d'environ cinq pouces et longue de six.

« En sortant de la vallée, nous gravîmes une hauteur du sommet de laquelle nous vîmes Taïf devant nous, et nous y arrivâmes à midi, après avoir franchi l'aride plaine de sable qui sépare la ville des montagnes environnantes. »

Burckhardt descendit chez Bosari, médecin du pacha, qu'il avait connu au Caire, et l'envoya demander audience à ce prince; vers huit heures il se rendit au château, portant le costume complet qu'il avait reçu à Djidda. Il trouva Son Altesse assise dans un grand salon et entourée de ses officiers; il lui donna le salam et lui baisa la main. Après quelques questions sur la Nubie, Mohammed fit retirer tout le monde, et eut une conversation de trois heures sur les affaires de l'Europe; il avait appris le jour même la chute de Bonaparte; il ne fut nullement question des affaires personnelles du voyageur, qui prit congé sans savoir si on lui accorderait la permission de visiter la Mecque. Il lui importait cependant d'être fixé sur ce point, car le kadhi le connaissait pour Européen. C'était à lui que la solution de cette question délicate était réservée. « Dans cette circonstance, dit Burckhardt, je pensai que ce que j'avais de mieux à faire était de me comporter de manière à ce que Bosari se fatiguât de m'avoir chez lui, et favorisât mon projet à son insu. En conséquence je commençai à me conduire dans sa maison avec toute la pétulance d'un Osmanli. Comme on était en ramadhan, je jeûnais pendant le jour, mais le soir je me faisais servir un souper à part; le lendemain matin, avant le lever du soleil et le commencement du jeûne, je demandais un déjeûner copieux. Je m'emparai du meilleur appartement de sa maison, assez petite; ses domestiques étaient continuellement occupés à me servir. L'hospitalité orientale défend que l'on s'offense de semblables façons; d'ailleurs j'étais un grand personnage venu pour rendre visite au pacha. Dans nos conversations avec Bosari, je lui assurais que je me trouvais parfaitement à mon aise à Taïf, et que le climat de cette ville convenait très-bien à ma santé; je ne montrai nulle envie de partir pour le moment. Entretenir une personne de mon rang pendant un certain temps à Taïf, où toutes les denrées étaient beaucoup plus chères qu'à Londres, n'était pas une bagatelle, et un hôte turbulent est désagréable partout. Je pense que mon artifice eut un succès complet, et Bosari s'efforça de persuader au pacha que j'étais un homme inoffensif, afin que je fusse congédié le plus tôt possible.

« Peu de jours après, le pacha me dit qu'ayant appris que je voulais passer les derniers jours du ramadhan à la Mecque, je ferais bien de me joindre à la troupe du kadhi, qui y allait pour la fête, et qui serait très-content de ma compagnie. C'était précisément l'occasion que je souhaitais; le départ du kadhi était fixé au 7 septembre; afin de le suivre, je louai deux ânes, qui sont la monture usitée dans le pays. »

Burckhardt fut donc obligé de rétrograder.

« En passant à l'Ouadi-Mohram, dit-il, je pris l'*ihram*, parce que c'était la première fois que j'allais visiter le Mecque et son temple. L'ihram consiste en deux morceaux de toile de lin, ou de coton, ou de drap ; l'un enveloppe les reins, et l'autre est jeté sur le cou et les épaules, de manière à laisser une partie du bras droit à découvert ; il faut se dépouiller de tous ses vêtements avant de prendre celui-là. On peut employer toute espèce de tissu, mais la loi ordonne qu'il soit sans couture et sans nulle sorte d'ornement en soie ; la couleur blanche est préférable aux autres. On se sert ordinairement de calicot blanc des Indes, mais les pèlerins riches emploient des châles de cachemire blanc, sans bordures à fleurs. La tête est complétement nue, et il n'est plus permis de la raser, conformément à l'usage des Orientaux, avant d'avoir déposé l'ihram. Les jambes et les pieds doivent également rester à découvert ; de même que la plupart des Arabes, je pris des sandales.

« Quoique la loi défende que la tête soit abritée par aucune coiffure qui la touche immédiatement, elle ne prononce pas de prohibition contre les parasols, de sorte que la plupart des pèlerins des pays du nord en sont pourvus, car les rayons du soleil les incommodent beaucoup.

« Soit qu'on le prenne en été ou en hiver,

l'ihram est également gênant et préjudiciable à la santé, notamment pour les musulmans des contrées septentrionales, qui, accoutumés à des vêtements épais, en laine, sont obligés de les quitter et de se contenter, le jour et la nuit, de ce léger manteau, parce que la loi interdit toute autre espèce de couvertures.

« Le fidèle vêtu de l'ihram, et appelé alors el-mohrem, n'est pas obligé de s'abstenir d'aucune espèce particulière de nourriture, mais il doit se comporter décemment, ne pas jurer, ni se quereller, ni tuer aucun animal, pas même ceux qui seraient sur son corps. L'ihram des femmes consiste en un manteau qui les enveloppe entièrement, et en un voile qui ne laisse pas même apercevoir leurs yeux ; suivant la loi, leurs mains et leurs pieds doivent être couverts, mais cette règle est généralement peu observée. »

Notre voyageur entra à la Mecque vers midi. « Quiconque, dit-il, arrive à la Mecque doit aller immédiatement au temple et ne peut s'occuper d'aucune affaire avant d'avoir rempli cette obligation. Nous traversâmes les files de boutiques et de maisons qui conduisent à la porte de la mosquée, où je descendis de mon âne, et je payai mon conducteur. Je fus accosté là par une demi-douzaine de metaouefs ou guides, qui savaient, en me voyant vêtu de l'ihram, que je voulais visiter la Kaaba. Je suivis l'un d'eux, et, déposant mon bagage dans une boutique voisine, j'entrai par la porte destinée aux nouveaux arrivants.

« Les cérémonies que l'on observe en visitant le temple sont les suivantes : 1° certains rites religieux qu'on doit pratiquer à l'intérieur, et dont le principal, qui consiste à faire sept fois le tour de la Kaaba, se nomme *touaf;* 2° la promenade entre l'Isafa et le Meroua, c'est le *saï;* 3° la visite à l'Omra, après laquelle on met de côté l'ihram et on se fait raser la tête.

« Avant Mahomet, la Kaaba était un objet de vénération, et les ancêtres des musulmans venaient y faire le touaf, comme leurs descendants aujourd'hui. L'édifice était orné de trois cent soixante idoles ; il y avait une différence marquée dans la manière d'accomplir la cérémonie ; mais cependant le hadji, ou pèlerinage musulman, et la visite de la Kaaba ne sont qu'une continuation d'un ancien usage.

« De même, l'Isafa et le Meroua étaient regardés par les anciens Arabes comme des lieux sacrés, qui renfermaient les images des dieux Motam et Nehik, et les idolâtres allaient de l'un à l'autre en revenant du pèlerinage du mont Arafat. Ce fut là, selon la tradition musulmane, que Hadja ou Agar, mère d'Ismaïl, après avoir été chassée de la maison d'Abraham, erra dans le désert, afin de ne pas voir expirer son fils qu'elle avait laissé mourant de soif : tout à coup l'ange

Gabriel lui apparut, et frappant du pied la terre en fit jaillir l'eau du Zemzem. On dit que c'est en commémoration des courses d'Agar, qui, dans son désespoir, alla sept fois de l'Isafa au Meroua, que la promenade de l'un de ces lieux à l'autre a été instituée. »

El-Asraki, historien arabe, raconte que, lorsque les Arabes idolâtres avaient fini la cérémonie du hadji au mont Arafat, toutes les tribus, en revenant à la Mecque, s'assemblaient à la place nommée Isafa. Là ils célébraient, dans des chants énergiques et passionnés, la gloire de leurs ancêtres, leurs combats, et la renommée de leur nation. Un poëte de chaque tribu se levait à son tour et s'écriait : « Ils étaient de notre tribu, ces généreux guerriers, ces braves Arabes, et maintenant nous en comptons d'autres non moins braves, non moins généreux. » Alors il les nommait, exaltait leurs actions héroïques, et, après un chant de triomphe, bravait et défiait les autres hordes. Alors un poëte rival répondait aussitôt et célébrait, dans un langage non moins passionné, la gloire égale ou supérieure de sa tribu, en s'efforçant en même temps de rabaisser ou de tourner en ridicule les prétentions de son adversaire.

Pour adoucir l'animosité et la jalousie qu'entretenait cette coutume, ou peut-être pour faire plier la féroce indépendance des Bédouins, Mahomet l'abolit par ce passage du Coran : « En finissant ton pèlerinage, rappelle-toi Dieu, comme autrefois tu te rappelais tes ancêtres, et célèbre ses louanges avec encore plus de ferveur. »

La visite à l'Omra était aussi un usage ancien ; Mahomet le conserva ; on dit qu'il récitait souvent sa prière du soir dans ce lieu.

« Quand j'eus accompli les cérémonies fatigantes du touaf et du saï, je me fis raser une partie de la tête, et je restai assis dans la boutique du barbier, ne connaissant pas d'autre endroit où je pusse me reposer. Au bout de quelque temps un homme vint m'offrir une chambre garnie ; j'en pris possession, et, n'ayant pas de domestique, je mangeai avec le propriétaire. Il se retira avec sa femme et ses deux enfants dans une petite cour ouverte à côté de ma chambre. C'était un pauvre homme de Médine, metaouef de profession ; je lui payais quinze piastres par jour (ou six francs ; la piastre turque valait alors 0,40 c.). Je m'aperçus, après être sorti de chez lui, que plusieurs objets de vêtement avaient été soustraits de mon sac de voyage. Mais ce ne fut pas tout : le jour de la fête il m'invita à un souper splendide, en compagnie d'une demi-douzaine de ses amis, dans ma chambre ; et le lendemain matin il me présenta le compte de ce festin.

« Les milliers de lampes allumées durant le ramadhan, dans la grande mosquée, en font tous les soirs le rendez-vous des étrangers ; ils viennent s'y promener, ou bien y restent assis à causer jusque après minuit. Ce lieu offre alors un spectacle qui, si l'on en excepte l'absence des femmes, ressemble plus à une réunion nocturne d'Europe qu'à celle que je me serais attendu à voir dans le sanctuaire de l'islamisme. La nuit qui termine le ramadhan ne présente pas ces réjouissances brillantes que l'on contemple dans les autres contrées de l'Orient. Les trois jours de fête qui suivent sont également vides d'amusements publics.

« A l'occasion de cette fête je rendis visite au kadhi, suivant l'usage, et à la fin du troisième jour je partis pour Djidda, monté sur un âne. Je fis ce trajet, que j'estime de cinquante-cinq milles, en treize heures. Vers le milieu d'octobre je revins à la Mecque, suivi d'un esclave que j'avais acheté. Ce jeune garçon s'était trouvé dans la caravane avec laquelle j'étais allé de Chendy à Souaken ; il fut très-étonné de me voir dans une condition si au-dessus de celle où il m'avait connu jadis (1). Je chargeai un chameau d'une bonne provision de farine, de biscuit, de beurre et d'autres denrées, que l'on vend à la Mecque deux fois plus cher qu'on ne les a achetées ; je louai un joli appartement dans un quartier peu fréquenté. Pendant tous mes voyages dans le Levant, je n'ai jamais

---

(1) Voir le volume intitulé *Voyage en Abyssinie et en Nubie.*

été aussi parfaitement libre qu'à la Mecque, où je n'étais nullement tourmenté et où personne ne me connaissait. »

Les Arabes donnent à la Mecque les titres les plus pompeux; les plus communs sont Om-el-Nora (la mère des villes), El-Moscherefé (la noble), Belad-el-Ameïn (la patrie des fidèles).

On peut réellement appeler la Mecque une jolie ville : ses rues sont, en général, plus larges que celles des villes de l'Orient. Les maisons, hautes et construites en pierres, ont sur les rues de nombreuses fenêtres, qui leur donnent un aspect plus animé que ne l'ont les maisons d'Égypte et de Syrie. Dans la plupart des villes du Levant, le peu de largeur des rues contribue à leur fraîcheur : et dans des pays où l'on ne fait pas usage de voitures, un espace qui permet à deux chameaux de passer l'un à côté de l'autre a paru suffisant; mais à la Mecque il était nécessaire de laisser de larges voies pour les innombrables visiteurs qui s'y pressent, et c'est dans les maisons destinées à recevoir des pèlerins que les fenêtres sont disposées de manière à voir dans les rues.

Devant les fenêtres sont suspendus des stores faits avec des roseaux légers, pour empêcher les mouches et les cousins d'entrer, sans s'opposer à l'introduction de l'air frais. Chaque maison a sa terrasse, qui est légèrement en pente, pour que l'eau pluviale tombe dans la rue, au moyen de gouttières. Ces terrasses sont cachées par des murs à hauteur d'appui ; c'est là que les femmes passent toute leur vie, se livrant aux occupations du ménage.

Les rues ne sont point pavées, et le sable et la poussière en été y sont un aussi grand inconvénient que l'est la boue dans la saison des pluies ; comme l'eau ne peut pas s'écouler, elle y reste jusqu'à ce qu'elle sèche. On peut attribuer à l'action destructive de ces pluies l'absence de tout édifice dont la date remonte au delà de quatre siècles. D'ailleurs, à part la grande mosquée et les colléges qui lui appartiennent, la Mecque ne présente aucun édifice public.

Les rues sont entièrement obscures quand vient la nuit, et l'on n'y allume aucune espèce de lampes. Les différents quartiers n'ont point de portes, contre l'usage des autres villes orientales, où chaque quartier est fermé après la prière du soir. On jette les immondices dans les rues, où le soleil et la pluie en font bientôt de la poussière et de la boue.

Il y a des boutiques où l'on vend publiquement pendant la nuit, mais non pendant le jour, des liqueurs enivrantes ; l'une est préparée avec des raisins fermentés, et, quoiqu'elle soit mêlée de beaucoup d'eau, elle est si forte, que quelques verres produisent l'ivresse ; l'autre boisson est le bouza, espèce de bière faite avec le doura : on la mélange d'épices, et on la nomme soubié. Les vrais croyants qui font usage de ces liqueurs prétendent qu'ils ne transgressent point la loi du Prophète, car, disent-ils, ce n'est pas du vin.

La mosquée nommée El-Aram (le sanctuaire) est située dans la partie la plus large de la Mecque, et n'est remarquable que parce qu'elle renferme l'objet de la vénération des peuples qui professent l'islamisme.

La Kaaba est placée au milieu d'un parallélogramme dont la longueur est de deux cent cinquante pas et la largeur de deux cents. Aucun des côtés n'est en ligne droite, quoiqu'au premier coup d'œil l'ensemble paraisse offrir une forme régulière. Cet espace ouvert est entouré d'une colonnade; il y a quatre rangs de colonnes du côté de l'est, et trois des autres côtés. Elles sont réunies par des arcades en ogive, dont quatre supportent un petit dôme, crépi et blanchi extérieurement; ces dômes sont au nombre de cent cinquante-deux; des lampes sont suspendues à toutes les arcades de la colonnade le long de la cour; quelques-unes sont allumées chaque nuit, toutes le sont pendant les nuits du ramadhan. Les colonnes ont plus de vingt pieds de haut et un pied et demi de diamètre; quelques-unes sont de marbre blanc, de granit ou de porphyre; mais la plupart sont de la pierre commune des environs de la Mecque. On prétend qu'il y a cinq cent quatre-vingt-neuf colonnes, et il n'y en a pas deux qui soient exactement semblables. Les murailles et les arcades sont, en quelques parties, peintes en bandes jaunes, rouges et bleues ; le sol est dallé de larges pierres mal cimentées. Sept chaussées pavées mènent des colonnades à la Kaaba, ou maison sainte, qui est au milieu de l'enceinte ; entre les chaussées qui sont recouvertes de sable, on voit l'herbe qui croît dans divers endroits, grâce à l'humidité que produit l'eau du puits Zemzem, qui coule des jarres pleines que l'on enfouit en terre en longues rangées pendant le jour.

La Kaaba, qui est située au milieu de cette cour, est un bâtiment oblong et massif, de dix-huit pas de long, quatorze de large et trente-cinq à quarante pieds de haut ; elle a été reconstruite avec de la pierre grise de la Mecque, en 1627 de J.-C., parce que l'année précédente elle avait été renversées par les torrents.

La Kaaba est élevée sur une base de deux pieds de hauteur, qui présente un plan très-incliné. Comme son toit est plat, l'édifice offre à une certaine distance l'apparence d'un cube parfait. La seule porte par laquelle on y entre, et qui ne s'ouvre que deux à trois fois par an, est sur la face du nord et à sept pieds au-dessus du sol ; c'est pourquoi on se sert, pour y arriver, d'un escalier portatif en bois. Cette porte est revêtue d'argent et de plusieurs ornements dorés. Toutes les nuits on place sur le seuil de petites bougies allumées et des cassolettes remplies d'encens, de musc, d'aloès, etc.

A l'angle nord-ouest de la Kaaba, près de la porte est la fameuse pierre noire. Elle forme une partie de l'édifice, à quatre ou cinq pieds au-dessus du sol; elle est de figure ovale irrégulière; son diamètre est à peu près de sept pouces, et sa surface est ondulée; elle est composée d'une douzaine de petites pierres, de formes et de dimensions différentes, et réunies ensemble par un ciment. Elle est parfaitement unie, elle semble avoir été brisée, par un coup violent, en plusieurs morceaux qui, ensuite, ont été rassemblés de nouveau. Il est difficile de déterminer avec précision la nature de cette pierre, dont la surface a été usée et mise en son état actuel par les milliers de baisers et d'attouchements qu'elle a reçus. Elle paraît ressembler à une lave; sa couleur est d'un brun rougeâtre foncé, qui se rapproche du noir; elle est entourée de tous côtés d'une bordure d'un ciment compacte fait de poix et de gravier, mais qui n'est pas tout à fait du même brun. Cette bordure paraît soutenir les divers morceaux; elle a deux ou trois pouces de largeur, et s'élève un peu au-dessus de la surface de la pierre. La bordure et la pierre sont enchâssées dans une bande d'argent plus large par le bas que par le haut et sur les deux côtés.

La partie inférieure est renflée, de manière à faire supposer qu'une portion de la pierre est cachée dessous. Le bord de cet encadrement est garni de clous d'argent.

Le long du côté septentrional de la Kaaba, près de la porte et contre le mur, il y a une petite fosse revêtue de marbre et assez spacieuse pour que trois personnes puissent s'y asseoir. Ce lieu est nommé El-Madjem; on suppose que c'est là qu'Abraham et son fils Ismaïl pétrissaient la chaux et la terre dont ils se servaient pour construire la Kaaba.

Sur la face occidentale de la Kaaba, à deux pieds au-dessus du sol, est le fameux *mysab*, ou la gouttière par laquelle s'écoule l'eau de la pluie qui s'amasse sur la partie supérieure de l'édifice; c'est par là qu'elle tombe à terre. Cette gouttière a environ quatre pieds de long et six pouces de diamètre, et a des bordures de six pouces de haut; on dit qu'elle est d'or massif. A l'embouchure de ce tuyau est suspendu ce qu'on appelle la barbe du myzab, qui est une planche dorée sur laquelle l'eau coule.

Le pavé au-dessous du myzab est composé de pierres de plusieurs couleurs qui forment une jolie mosaïque; il y a dans le centre deux dalles de beau vert antique. C'est le lieu où, suivant la tradition, Ismaïl et Agar, sa mère, sont enterrés.

Les quatre faces de la Kaaba sont entièrement

couvertes d'une tenture en soie noire qui tombe jusqu'en bas et laisse le toit à découvert. Ce rideau ou voile, nommé *kesoua*, est renouvelé tous les ans, à l'époque des pèlerinages, aux frais du grand-seigneur. Des prières y sont brodées de la même couleur que le fond, ce qui les rend très-difficiles à lire; vers le milieu de cette étoffe, une ligne d'inscriptions brodées en or fait le tour de l'édifice. La partie du kesoua qui pend au-dessus de la porte est richement brodée en argent. On laisse des ouvertures pour la pierre et pour l'angle du sud-est, qui par conséquent restent à découvert. Le kesoua est toujours de la même forme et sur le même modèle. La couleur noire du kesoua, couvrant une grande masse cubique au milieu d'une vaste enceinte, donne à la Kaaba, dans le premier moment qu'on l'aperçoit, une apparence singulière et imposante. Comme les cordons qui assujettissent le voile par en bas ne sont pas très-tendus, le plus léger souffle de vent le fait mouvoir en ondulations lentes, que les groupes de musulmans, rassemblés autour de l'édifice, accueillent avec des prières, parce qu'ils les regardent comme un signe de la présence de leur ange gardien, qui, en agitant ses ailes, est supposé causer ce mouvement. L'usage de couvrir la Kaaba d'un voile existait chez les Arabes avant Mahomet.

Chaque année, à un jour fixe, l'ancien kesoua

est enlevé, et la Kaaba reste quinze jours découverte ; ensuite on place le nouveau voile aux acclamations des femmes, qui se réunissent en grand nombre pour cette solennité.

Dans la cour est un bâtiment carré qui renferme le puits Zemzem. C'est une construction massive ayant une porte qui s'ouvre au nord et conduit dans la chambre où est le puits. Cette chambre est somptueusement décorée de marbres de diverses couleurs. Dans une chambre y attenante, est un réservoir de pierre toujours rempli d'eau du Zemzem, dont les pèlerins doivent boire au moins une fois.

Ce n'est qu'aux heures de la prière que la grande mosquée paraît être un lieu consacré, tandis que, dans d'autres moments, c'est un endroit où se rassemblent les négociants pour parler de leurs affaires.

Sous plusieurs parties de la colonnade, il se tient des écoles publiques où l'on enseigne aux enfants à lire et à écrire. Des savants de la Mecque prononcent chaque jour, après midi, des discours sur des sujets religieux ; mais leur auditoire est rarement nombreux. Les vendredis, après la prière, les oulémas turcs expliquent à leurs compatriotes, assemblés autour d'eux, quelques chapitres du Coran ; après quoi chaque auditeur baise la main de l'orateur et glisse une pièce de monnaie dans son bonnet.

La Mecque et surtout la mosquée abondent en troupes de pigeons sauvages, qui sont regardés comme la propriété particulière du temple. Personne n'oserait en tuer un seul, même lorsqu'ils entrent dans les maisons particulières ; tous les jours, régulièrement, on remplit d'eau de petits bassins épars dans la grande cour, pour que ces oiseaux puissent boire ; des femmes arabes y exposent aussi en vente, sur de petites nattes de paille, de l'orge et du doura, que les pèlerins achètent pour les jeter à ces oiseaux.

« Durant le ramadhan, dont je passai les derniers jours à la Mecque, dit Burckhardt, la mosquée fut extrêmement brillante. A cette époque, qui coïncida avec le temps le plus chaud de l'année, les pèlerins restaient chez eux pendant les trois premières prières de chaque jour, mais pour celle du soir ils se réunissaient en grandes troupes dans la mosquée. Chacun apportait quelques dattes, un peu de pain et de fromage ou des raisins, et plaçait ces aliments devant lui, en attendant le moment de l'appel à la prière du soir.

« Dès que l'iman, debout sur le toit du Zemzem, avait fait entendre le cri d'Allah-Akbar (Dieu est très-grand), chacun se hâtait de boire de l'eau du puits Zemzem contenu dans une cruche placée devant lui, et de manger quelque chose avant de se joindre à la prière ; après quoi on retournait souper chez soi ; puis on revenait à la mosquée pour réciter les oraisons de la dernière soirée. Alors toute la cour et les colonnades étaient illuminées par des milliers de lampes, et de plus chaque pèlerin avait sa lanterne à terre devant lui. L'éclat de ce spectacle et la fraîcheur dont ils jouissaient engageaient les pèlerins à y rester la plus grande partie de la nuit.

« Je fus témoin de l'enthousiasme d'un Darfourien qui arriva à la Mecque la dernière nuit du ramadhan. Après un long voyage à travers des déserts stériles et solitaires, en entrant dans le temple illuminé, il fut tellement frappé de cet aspect brillant et saisi d'une telle crainte religieuse à la vue de la Kaaba couverte de son voile noir, qu'il se prosterna le visage contre terre près de l'endroit où j'étais assis, et resta longtemps en adoration dans cette posture; enfin il se releva, répandit un torrent de larmes, et, dans son émotion profonde, il se croyait dans le paradis de Mahomet. »

Avant de parler des autres remarques de Burckhardt sur la Mecque, qu'il nous soit permis de donner quelques notions sur les croyances fabuleuses que les mahométans professent à l'égard de la Kaaba.

Suivant les traditions musulmanes, la Kaaba fut construite deux mille ans avant la création du monde, dans le ciel, où elle fut adorée par les anges, à qui le Tout-Puissant ordonna d'en faire le tour, ou de célébrer le touaf.

Adam, qui fut le premier vrai croyant, érigea la Kaaba sur la terre, dans son emplacement actuel, situé précisément au-dessous de celui qu'elle occupait dans le ciel. Ce monument fut détruit par le déluge; et quand Abraham eut renoncé à l'idolâtrie de ses pères, il reçut du Tout-Puissant l'ordre de la reconstruire. Son fils Ismaïl, qui, depuis son enfance, demeurait avec sa mère Agar près de l'emplacement de la Mecque, aida à son père. En creusant la terre ils trouvèrent les fondements posés par Adam. Comme ils avaient besoin d'une pierre pour marquer l'angle auquel devait commencer le touaf, Ismaïl en chercha une. Sur son chemin il rencontra l'ange Gabriel, qui tenait à la main la fameuse pierre noire; elle était alors d'une couleur vive et brillante; mais elle devint noire, dit l'historien arabe El-Azraki, parce qu'elle souffrit plusieurs fois des atteintes du feu, tant avant qu'après l'introduction de l'islamisme.

Pendant une longue suite de siècles, la Kaaba appartint successivement à différentes tribus arabes qui furent souvent obligées de la réparer, car souvent elle fut dévastée par les torrents. Lorsque Ammer-ibn-Lahaï, de la tribu de Kossaï, introduisit le premier l'idolâtrie parmi ses compatriotes, il apporta de Hit, en Mésopotamie, l'idole nommée *Hobal*, et la plaça sur la Kaaba; alors l'idolâtrie se répandit rapidement, et il paraît que chaque tribu se choisit son Dieu ou sa divinité tutélaire, et que, considérant la Kaaba comme un Panthéon commun à toutes, elles y venaient en pèlerinage. Le nombre des idoles s'accrut tellement, qu'on en trouvait une dans chaque maison de cette vallée, et la Kaaba en renfermait trois cent soixante, qui correspondaient probablement aux jours de l'année.

La tribu de Kossaï fut la première qui bâtit des maisons autour de la Kaaba ; puis vinrent les Beni-Koreïsch. A cette époque la Kaaba fut détruite par le feu ; ils la rebâtirent en bois sur de plus petites proportions. Le toit était soutenu intérieurement par six colonnes : la statue de Hobal, le Jupiter arabe, était placée au-dessus d'un puits existant alors dans la Kaaba. Cela arriva pendant la jeunesse de Mahomet, et toutes les idoles furent replacées dans le nouveau bâtiment. Mais quand Mahomet, victorieux, rentra dans la ville de ses pères, il détruisit leur idolâtrie, renversa les idoles, mais il conserva le pèlerinage, qui faisait la prospérité de la cité.

La Kaaba ne s'ouvre que trois fois par an, l'ouverture a lieu une heure après le lever du soleil ; dès que l'escalier de bois est placé devant la porte, une foule immense se précipite et a bientôt envahi tout l'intérieur de l'édifice, au point qu'on a de la peine à se remuer. Les femmes n'y entrent pas le même jour que les hommes ; le sanctuaire est ouvert exclusivement pour elles le lendemain.

L'intérieur de la Kaaba ne consiste qu'en une seule salle, dont le plafond est soutenu par deux colonnes, et qui ne reçoit de jour que par la porte. Le plafond, la partie supérieure des colonnes, et les murailles latérales, jusqu'à cinq pieds au-dessus des dalles, sont tendus avec une épaisse étoffe de soie rouge, richement brodée en fleurs et en grandes lettres d'argent, qui forment des inscriptions. Le bas de chaque colonne est revêtu de bois d'aloès sculpté, et la partie du mur qui est au-dessous des tentures est couverte d'un beau marbre blanc avec des inscriptions en relief et des arabesques d'un travail exquis. Le sol est dallé en marbre de diverses couleurs ; entre les colonnes sont suspendues de nombreuses lampes d'or massif. Enfin dans l'angle nord-ouest de la salle est une petite porte qui conduit au toit plat de l'édifice. La visite à l'intérieur de la Kaaba ne fait point partie des devoirs religieux des pèlerins, et plusieurs partent sans l'avoir vu.

Le temps est passé, et c'est probablement pour toujours, où les pèlerins venaient en foule, de toutes les parties du monde musulman, pour visiter les lieux saints de l'Hedjaz. Ce que nous allons dire se rapporte donc plutôt à ce qui était jadis qu'à ce qui existe aujourd'hui. La caravane de Syrie a toujours été plus forte depuis le temps où les califes en personne accompagnaient les pèlerins de Bagdad. Elle part de Constantinople, et, traversant l'Anatolie et la Syrie, ramasse les pèlerins de l'Asie septentrionale, jusqu'à ce qu'elle atteigne Damas, où elle séjourne pendant plusieurs semaines. Durant cette partie du voyage, toutes sortes de soins sont pris pour sa sûreté et sa commodité ; elle est escortée d'une ville à l'autre par les soldats des gouverneurs ; à chaque station, des caravansérais et des fontaines publiques ont été construits par les premiers sultans, pour rendre plus facile la route, qui se fait au milieu de continuelles réjouissances. A Damas, il est nécessaire de se préparer pour la traversée du désert jusqu'à Médine, traversée qui dure trente jours. Il faut changer de chameaux, ceux d'Anatolie n'étant pas en état de supporter les fatigues d'un tel voyage. Presque toutes les villes de la Syrie orientale en fournissent à cet effet, et les grands scheikhs des Bédouins passent des engagements avec le gouverneur de Damas pour en procurer une quantité considérable : elle doit l'être en effet, quand même la caravane ne serait pas très-nombreuse, si l'on considère qu'indépendamment de ceux qui portent de l'eau et des vivres pour les pèlerins, les soldats et leurs chevaux, il y a des chameaux de rechange, destinés à remplacer ceux qui pourraient mourir, et d'autres pour transporter la nourriture de ces animaux, ainsi que des provisions qui sont déposées dans des châteaux afin de servir au retour. Les Bédouins, qui ont intérêt à ce que le nombre des chameaux soit augmenté, ont grand soin qu'on ne surcharge pas ceux qu'on emploie. En 1814, quoique la caravane ne fût composée que de cinq mille personnes, en y comprenant les soldats et les domestiques, elle avait quinze mille chameaux.

El-Fasi raconte que, lorsque la mère du dernier des Abassides fit le pèlerinage, sa caravane consistait en cent vingt mille chameaux. Le calife el-Mohdi-Abou-Abdallah-Mohammed dépensa au sien, en 160 de l'hégire, trente millions de dirhems; il portait avec lui une quantité immense de robes destinées à être distribuées en présents. Il bâtit de belles maisons à chaque station de Bagdad à la Mecque, et les meubla richement; il fit aussi ériger des bornes pour marquer les distances sur toute la route. Il fut le premier calife qui fit porter de la neige à sa suite pour rafraîchir les sorbets, usage qu'imitèrent beaucoup de ses successeurs. Haroun-el-Raschid, qui fit neuf fois le voyage, dépensa dans un d'eux un million cinquante mille dinars en présents. Enfin, en 719 de l'hégire, un sultan d'Égypte mena cinq cents chameaux pour le seul transport des sucreries et des confitures, et deux cent quatre-vingts pour celui des grenades, des amandes et d'autres fruits ; son garde-manger de voyage contenait toujours mille oies et trois mille poules.

Quand on est en marche, un corps de cavaliers marche en avant, et un autre qui reste en arrière est chargé de rallier les traînards. Les différentes troupes de pèlerins qui se divisent par provinces et par villes se tiennent en colonne serrée : chacun connaît la position invariable qu'il occupe dans la caravane. Quand on campe, on observe les mêmes dispositions.

Les hadjis font ordinairement un marché avec un mekouem ou guide qui se charge de leur fournir des chameaux et des vivres; le même mekouem a un détachement de vingt à trente pèlerins, qui trouvent leurs tentes, leur café, leur eau, leur déjeuner et leur dîner toujours prêts; ils n'ont nullement à s'occuper de leurs paquets et de leurs bagages. Le prix ordinaire de Damas à Médine est de 750 fr., et de 250 de cette ville à la Mecque.

Le soir on allume des torches, et la distance à parcourir est ordinairement franchie entre trois heures de l'après-midi et une heure ou deux après le lever du soleil. A chaque station, on trouve un petit fort et un grand bassin où les chameaux s'abreuvent ; c'est près de ces eaux, qui appartiennent aux Bédouins, que les scheikhs des tribus reçoivent le tribu accoutumé. L'eau est abondante sur cette route, et les stations ne sont pas éloignées de plus de douze heures de marche.

La caravane qui part du Caire est rarement égale en nombre à celle de Syrie : elle n'est composée que d'Égyptiens et de l'escorte. La route est plus périlleuse, car, en suivant la côte de la mer Rouge, elle traverse le territoire de quelques tribus de Bédouins qui font tous leurs efforts pour enlever une partie des pèlerins. Les eaux sont plus rares sur ce chemin que sur l'autre, car il se trouve quelquefois une distance de trois journées entre deux puits. Dans la caravane de 1816, un des grands du Caire avait cent dix chameaux pour le transport de son bagage et de sa suite, et huit tentes. Ses dépenses pour aller et revenir s'élevèrent à 250,000 francs.

Nous ne suivrons pas la marche des caravanes de Perse, de Yemen, de l'Indoustan, du Maroc ; nous n'y trouverions que des détails d'itinéraires peu curieux ; nous préférons parler des pèlerins eux-mêmes. De tous les pèlerins pauvres qui arrivent dans le Hedjaz, il n'en est point qui soient plus estimables dans leur industrie et leur disposition au travail, que les Nègres, que l'on appelle dans le pays tekrouris. Ils se mettent portefaix, se louent pour balayer les cours, et vont chercher le bois dans les montagnes. Ils font de petits fourneaux d'argile qu'ils peignent en jaune ou en rouge, et que les hadjis achètent pour y faire bouillir leur cafetière. D'autres fabriquent de petits paniers et des nattes en feuilles de palmier; enfin toutes les fois qu'un ouvrage manuel est nécessaire, on va chercher un tekrouri au marché.

Quand ces Nègres ont terminé le hadj, ils retournent à Djidda, où ils continuent de travailler jusqu'à ce qu'il se présente une occasion de faire voile pour Souakin, et se dirigent vers leur pays par Chendi et le Kordofan.

Les Indous pauvres forment un contraste complet avec les Nègres, tant pour l'apparence extérieure que pour le caractère. On aurait peine à se figurer de plus chétives mines. Ils semblent avoir perdu non-seulement toute énergie, mais même l'espérance. Les rues de la Mecque en sont pleines. Les plus décrépits adressent de lamentables invocations aux passants, du milieu de la rue où ils gisent étendus sur le dos. Les portes de la mosquée, tous les cafés, toutes les échoppes où l'on vend de l'eau leur servent de station. Burckhardt vit parmi eux un de ces fanatiques si communs dans le nord de l'Inde; il tenait droit au-dessus de sa tête un de ses bras, et la longue habitude l'avait fixé dans cette position au point qu'il ne pouvait en prendre une autre.

Laissons Burckhardt raconter lui-même l'arrivée des diverses caravanes et décrire le spectacle pittoresque qu'elles lui offrirent. « Le 21 novembre 1814, l'approche de la caravane de Syrie fut annoncée par un de ses mekouem, qui entra au galop dans la ville pour gagner le prix alloué à celui qui apporte le premier la nouvelle qu'une caravane est arrivée saine et sauve. Les retentissantes acclamations de la foule le suivirent jusqu'à la maison du gouverneur, à la porte duquel son cheval expira au moment où il en descendait. Deux heures après, plusieurs autres personnes qui faisaient partie de la caravane arrivèrent, et dans la nuit tout le corps campa, avec le pacha de Damas en tête, dans la plaine de Scheïkh-Mahmoud.

« Le lendemain matin de bonne heure, la caravane de l'Égypte parut : le gros bagage et les chameaux furent envoyés au lieu ordinaire, mais le *mahmal*, ou chameau sacré, resta à Mahmoud, afin d'entrer dans la ville en grand cortége. Mohammed-Aly arriva de Taïf à l'improviste, pour assister au hadj. Il avait un très-bel ihram formé de deux châles de cachemire blanc. Sa tête était nue, mais un officier tenait au-dessus un parasol.

« Le 24, de grand matin, la caravane de Syrie traversa la ville, accompagnée de son escorte armée et ayant à sa tête le mahmal. La plupart des pèlerins étaient montés sur des *schebries*, sorte de palanquin que l'on place sur le chameau. Les grands et le pacha de Damas lui-même étaient dans des *takhtrouans*, sorte de litière portée par deux chameaux, l'un devant, l'autre derrière. La tête des animaux était chargée de plumes, de franges et de clochettes. Les rues étaient bordées de gens de toutes les classes, qui saluaient la caravane par de bruyantes acclamations. La musique militaire du pacha, ses chevaux richement caparaçonnés, et les beaux takhtrouans qui portaient ses femmes attiraient particulièrement l'attention.

« Le cortége fut suivi de celui des Égyptiens, leur mahmal en tête, car chaque caravane a le sien. La bonne apparence des soldats, la splendeur du mahmal et de l'équipage de l'émir excitèrent les acclamations de tous. Les deux caravanes se rendirent à l'Arafat sans s'arrêter. Elles furent suivies de la foule des hadjis, qui étaient arrivés depuis longtemps.

« Je partis après midi, et je fis la route à pied, car j'étais las de la vie sédentaire que je menais depuis quelques mois. Il me fallut plusieurs heures avant de sortir de la ville, tant était grande la foule des chameaux. Que l'on se représente les hadjis tous à moitié nus, dans leur ihram blanc, les uns assis sur leurs chameaux et lisant le Coran, les autres récitant à haute voix des prières, tandis que d'autres maudissaient leurs chameliers et se querellaient avec ceux qui étaient près d'eux et leur barraient le passage. Enfin, la troupe déboucha dans la plaine et se dispersa pour chercher des lieux de campement. J'arrivai au camp plusieurs heures après le coucher du soleil. Des feux sans nombre étaient allumés sur une longueur de trois à quatre milles, des tentes plus élevées et des lampes plus brillantes marquaient les lieux où étaient campés Mohammed-Aly et le pacha de Damas. Toute la nuit on entendit du bruit et des clameurs. Je me disposais à m'endormir, quand deux coups de canon annoncèrent l'approche du jour de la cérémonie : je me hâtai de monter au sommet du mont Arafat, afin d'embrasser d'un coup d'œil ce vaste spectacle.

« Je comptai sur la plaine environ trois mille tentes éparses et à peu près vingt-cinq mille chameaux ; j'estimai le nombre des personnes à soixante-dix mille ; le camp avait de trois à quatre milles de long et deux de large. Il n'y a peut-être pas de lieu sur la terre où, dans un espace aussi resserré, on parle une si grande diversité de langues, et j'en comptai une quarantaine : le nombre réel en était bien plus considérable.

« La plus magnifique de toutes les tentes était celle de la femme de Mohammed-Aly, mère du fameux Ibrahim-Pacha, arrivée du Caire avec un train vraiment royal : cinq cents chameaux avaient été nécessaires pour transporter son bagage de Djidda à la Mecque. Sa tente était réellement un camp, consistant en une douzaine de tentes de différentes dimensions, le tout entouré d'une clôture de toile de lin de huit cents pas de circuit. La seule entrée qui y conduisait était gardée par des gardes superbement habillés. Autour de cet enclos étaient rangées les tentes de la suite. La belle broderie de la partie extérieure de ce palais de toile et la variété des couleurs qui y brillaient partout offraient un aspect qui me rappelait quelques-unes des descriptions qu'on lit dans les *Mille et Une Nuits*.

« A l'instant précis de l'*aszer*, à peu près trois heures du soir, le prédicateur se plaça sur la plate-forme de la montagne et commença son sermon, qui dura jusqu'au coucher du soleil, et composa la partie de la cérémonie nommée khatbet-el-ouakfé. Aucun pèlerin, bien qu'il ait visité tous les sanctuaires de la Mecque, n'a de titre au nom de *hadji*, à moins qu'il n'ait assisté à ce discours. La foule est trop considérable pour que chacun puisse l'entendre ; il suffit de voir le prédicateur.

« Ce prédicateur, ou kadhi, était sur un chameau à qui on avait fait monter l'escalier, parce que, suivant la tradition, Mahomet se tenait toujours assis sur un chameau quand, de ce lieu, il parlait à ses disciples ; mais le kadhi, peu habitué à se tenir sur un chameau, fut obligé d'en descendre, et lut son sermon dans un livre. A chaque intervalle de quatre ou cinq minutes, il s'arrêtait et tendait les bras pour implorer les bénédictions d'en haut, tandis que la multitude, assemblée autour de lui et devant lui, agitait au-dessus de sa tête l'extrémité des irhams, en remplissant l'air de cris. Ces irhams flottant sur les flancs de la montagne, couverte de cette foule vêtue de blanc, présentaient l'aspect d'une cataracte ; et, plus bas, les parasols verts de plusieurs milliers de pèlerins, montés sur leurs chameaux, offraient quelque ressemblance avec une plaine verdoyante.

« Enfin, le soleil commençant à s'abaisser derrière les montagnes, le kadhi ferma son livre ; une dernière acclamation se fit entendre, et la foule se précipita pour quitter l'Arafat. Les caravanes réunies et la masse des pèlerins se mirent alors en mouvement pour traverser la plaine, car chaque tente avait été pliée à l'avance, afin de ne pas retarder le départ. La nuit arriva avant qu'on eût atteint le défilé de Mazoumeïn. Alors on alluma une quantité prodigieuse de torches ; leur lumière se répandait au loin sur la plaine. On entendait des salves continuelles d'artillerie ; les soldats tiraient des coups de fusil, le son de la musique des deux pachas retentissait dans l'air, on lançait de nombreuses fusées, tandis que la masse des pèlerins hâtait le pas dans le plus grand désordre à travers le défilé menant à Mezdelefé, où tout le monde mit pied à terre, après une marche de deux heures. Là, aucun ordre ne fut observé dans le campement, et chacun se coucha comme il put, car il n'y eut d'autres tentes dressées que celles des pachas ; des lampes, placées au devant en forme de hautes arcades, continuèrent à brûler toute la nuit, et le feu de l'artillerie ne cessa pas un seul instant.

« Le lendemain, jour de la fête nommée *Nekar-el-Dhahré*, le kadhi prit place, dès le point du jour, sur la haute plate-forme qui entoure la mosquée de Mezdelefé, et commença un sermon semblable à celui de la veille, mais bien moins long, puisqu'il ne dura que depuis l'aube jusqu'au lever du soleil, intervalle bien plus court sous la latitude de l'Arabie que dans nos contrées septentrionales. La prière de la fête se répéta en même temps par toute l'assemblée, et, aux premiers rayons du soleil, les pèlerins marchèrent à pas lents vers l'Ouadi-Muna, qui est à une heure de distance.

« En y arrivant, chaque nation campa au lieu qui lui était assigné par la coutume. Après avoir déposé leurs bagages, les hadjis se hâtèrent de jeter des pierres au diable, comme le prescrit la loi de Mahomet. Selon la tradition musulmane, quand Abraham, en revenant du pèlerinage à l'Arafat, parvint à l'Ouadi-Muna, le diable se présenta à lui à l'entrée de cette vallée, et voulut l'empêcher de passer ; alors l'ange Gabriel, qui accompagnait le patriarche, lui conseilla de lui jeter des pierres ; à la septième le diable se retira ; mais au milieu de la vallée il reparut devant lui, et se montra une dernière fois à son extrémité occidentale ; le patriarche usa du même moyen pour le repousser. A ces trois endroits, Mahomet fit élever un pilier massif de pierres qui a à peu près la forme d'un autel. Chacun de ces petits édifices est le but des sept petites pierres qu'y jettent les pèlerins, et dont la grosseur ne doit pas dépasser celle d'une fève.

« Après la cérémonie des pierres, les pèlerins égorgent les animaux qu'ils ont amenés pour le sacrifice, et tous les musulmans, dans quelque partie du monde qu'ils se trouvent, sont tenus à cette époque de se conformer à cet usage. Le sacrifice ne consiste que dans l'acte de tourner la tête de la victime vers la Kaaba, et de dire pendant qu'on lui coupe la gorge : « Au nom de Dieu très-miséricordieux (1), ô Dieu suprême ! »

« Aussitôt les sacrifices achevés, les pèlerins se firent raser la tête, se dépouillèrent de l'ihram et reprirent leurs vêtements ordinaires. Le pèlerinage était terminé, tous les hadjis échangeaient des félicitations et des vœux pour que l'accomplissement du hadj fût agréable à la Divinité, et chacun paraissait content.

« Les pèlerins restent encore à Muna deux jours, qu'ils emploient en fêtes. Ils vont visiter le

---

(1) La Kaaba est le point vers lequel tout musulman se tourne pour dire sa prière, quel que soit l'endroit de la terre où il se trouve.

lieu où Abraham fut sur le point d'offrir son fils en sacrifice. On y montre un bloc de granit fendu en deux, sur lequel tomba le couteau d'Abraham au moment où l'ange lui montra le bélier qui était près de lui. C'est en commémoration de ce sacrifice que les musulmans, après la fin du hadj, font une véritable boucherie de victimes.

« La rue qui s'étend dans toute la longueur de Muna était alors convertie en marché et en foire; le mélange des nations, des costumes et des marchandises était encore plus frappant qu'à la Mecque.

« Parmi les curiosités qui attiraient l'attention de la foule, était une voiture appartenant à la femme de Mohammed-Aly, et qui était venue sur le même navire qu'elle. Cette voiture était traînée par deux chevaux, et on la vit souvent circuler dans les rues de la Mecque. »

Enfin les pèlerins reviennent à la ville, font une dernière visite à la Kaaba, et ne s'occupent plus que de leur commerce et des préparatifs du départ. On n'atteste par aucun certificat en forme que les hadjis méritent véritablement ce titre, mais beaucoup achètent quelques dessins de la ville, et l'on y annexe une déclaration signée de quatre témoins, portant que les acheteurs sont bien réellement hadjis. C'est encore un titre envié que celui de khadem-el-mesdjed (serviteur de la mosquée). C'est le schérif et le khadi qui en délivrent le diplôme, moyennant cent cinquante francs. Après douze jours de séjour, les deux grandes caravanes partent pour leur destination respective, les autres n'ont pas de jour fixe.

Burckhardt ne put se joindre à la caravane de Syrie, et il fut obligé de rester un mois avant qu'une autre occasion se présentât ; enfin il partit le 15 janvier 1815, en compagnie de plusieurs hadjis, escortés par des Bédouins Harb. Suivant la coutume du Hedjaz, les chameaux marchent sur une seule file, ceux de derrière étant attachés à la queue de ceux qui précèdent ; l'Arabe qui marche en tête devait guider toute la troupe, mais il s'endormit souvent, ainsi que son camarade qui allait à la suite ; alors le chameau prenait le chemin qui lui convenait et égarait souvent la caravane entière, car le voyage ne se fait que de nuit.

Chaque endroit sur la plaine d'Arabie porte un nom particulier, et il faut l'œil et l'expérience d'un Bédouin pour distinguer un petit district d'un autre. À cet effet, les différentes espèces d'arbustes et de pâturages qu'y font croître les pluies sont d'un grand secours, et toutes les fois qu'un Bédouin veut parler à un de ses compagnons d'un lieu qui n'a pas de nom, il le désigne toujours par les productions végétales qu'on y rencontre.

A une halte, les guides achetèrent un mouton

et le firent rôtir dans le *mediba*, trou creusé dans le sable et bordé de petites pierres que l'on chauffe. On met la viande dessus, puis on la couvre de cendre et de la peau mouillée de l'animal, et l'on bouche hermétiquement avec du sable et de l'argile. Dans une heure et demie la viande est cuite ; et comme elle ne perd rien de son jus, elle a un excellent goût.

Le 23 janvier, la caravane arriva au village d'Isafra, et comme les chameaux étaient fatigués on s'y arrêta tout un jour. Ce lieu est un marché pour toutes les tribus voisines ; les environs sont bien cultivés et fertiles, surtout en dattiers. Ces arbres passent d'une main à l'autre comme un objet de commerce, et ils se vendent un à un. Les pieds de ces arbres plongent dans un sable profond que l'on ramène autour de leurs racines ; il faut renouveler annuellement cet amas de sable, que les torrents emportent toujours.

Chaque petite plantation est close par un mur de terre ou de pierre, et les cultivateurs habitent plusieurs hameaux, ou maisons isolées éparses entre les arbres. Les maisons, basses, ont généralement deux chambres et renferment une petite cour pour les bestiaux.

Le costume des habitants d'Isafra se compose d'une chemise et d'une robe courte de gros calicot des Indes, de couleur, sur laquelle ils portent un *abba* ou manteau blanc d'un léger tissu, semblable à celui des Bédouins d'Alep, et uniforme pour tous les Beni-Harb qui sont devenus sédentaires, tandis que les nomades de cette tribu portent l'abba rayé blanc et brun. Les profits qu'ils tirent du produit des caravanes et de leurs petites affaires commerciales semblent avoir eu une malheureuse influence sur leur caractère, car ils trompent tant qu'ils peuvent. Ils ne sont cependant pas dépourvus de vertus hospitalières, et les hadjis pauvres peuvent, à leur passage, trouver gratis, dans leurs boutiques, ce dont ils ont besoin pour leur nourriture de chaque jour.

Isafra et Béder sont les seuls lieux du Hedjaz où l'on puisse se procurer le baume de la Mecque dans sa pureté naturelle. L'arbre qui le produit croît dans les montagnes voisines, et les Arabes le nomment *rechem*. Les habitants d'Isafra falsifient ordinairement ce baume avec de l'huile de sésame et du goudron. Quand ils veulent essayer s'il est pur, ils trempent un doigt dedans et y mettent le feu ; s'il brûle sans laisser aucune marque ou aucune douleur au doigt, ils le regardent comme étant de bonne qualité ; mais s'il brûle le doigt aussitôt que le feu y est, ils assurent que le baume est mélangé.

Le défilé de Mokad est très-redouté par les caravanes, et l'on raconte des histoires de vols commis par les Arabes qui sont presque invraisemblables. Les voleurs s'habillent quelquefois en soldats turcs et s'introduisent parmi les gens de la caravane au milieu de la nuit ; ils s'élancent par derrière sur le chameau d'un hadji endormi, lui couvre la bouche avec leurs abbas et jettent à leurs compagnons tout ce qu'ils trouvent de précieux sur lui. Si on les découvre, ils tirent leurs poignards et s'échappent en frappant à droite et à gauche, car, s'ils sont pris, ils n'ont pas de grâce à attendre. Ordinairement on les empale au moment où la caravane part de la station, et on les laisse ainsi périr sur le pieu ou par la dent des bêtes féroces. Cependant l'horreur de cette punition n'épouvante pas les autres, et il n'est pas rare de trouver parmi les Bédouins des gens qui se vantent de leur habileté à voler les caravanes, parce qu'il faut pour cela beaucoup d'adresse et de courage.

Burckhardt entra à Médine le 28 janvier ; à l'aide d'un mezaouai ou guide, il se procura un appartement ; il alla immédiatement visiter la mosquée et le tombeau de Mahomet, car un bon pèlerin doit s'acquitter de ce double devoir avant de s'occuper d'aucune affaire.

Tout ce que le voyageur rapporte sur Médine est du plus haut intérêt, car cette ville était, avant lui, totalement inconnue aux Européens.

Médine est bâtie dans la partie la plus basse de la plaine, sur la limite du grand désert d'Arabie : à l'ouest et au sud-est elle est abritée par des montagnes; elle se divise en ville intérieure et en faubourgs; l'intérieur forme un ovale d'environ trois mille pas de circonférence; il est entouré d'une muraille de quarante pieds de haut, flanquée de trente tours environ et bordée d'un fossé.

La ville est bien bâtie et toute en pierres; les maisons ont le toit plat et sont ordinairement à deux étages; comme elles ne sont pas blanchies et que la pierre est de couleur foncée, l'aspect en est un peu sombre. Les rues principales sont dallées, et c'est une commodité que l'on s'attend peu à trouver en Arabie. Malheureusement on laisse les maisons se délabrer. Les possesseurs tiraient autrefois de grands profits de la foule des visiteurs qui se rendaient à Médine en tout temps de l'année; mais comme leurs revenus diminuent de jour en jour, ils ne veulent pas faire les dépenses de nouvelles constructions. Aussi Médine a cet aspect désolé de beaucoup de villes d'Orient, qui n'offrent que de faibles souvenirs de leur antique splendeur.

On n'y remarque aucun établissement public, mais cette absence est compensée par une grande quantité de jolies petites habitations particulières, ayant de petits jardins et des puits dont l'eau sert aux irrigations et à remplir des bassins de marbre, autour desquels les propriétaires passent les heures du milieu du jour sous des hangars élevés.

C'est à l'ouest et au sud que s'étendent les faubourgs, qui couvrent plus de terrain que la ville même, dont ils sont séparés par une grande place nommée *Monakh*, nom qui indique que les caravanes s'y arrêtent. La plus grande partie des faubourgs consiste en vastes cours, avec des appartements bas au rez-de-chaussée, et séparées les uns des autres par des jardins et des plantations. Ces habitations se nomment *hosch* (pluriel *heschan*), et sont la demeure des habitants de la basse classe, des Bédouins devenus sédentaires et de tous les gens qui se livrent à l'agriculture. Chaque hosch contient trente à quarante familles et forme autant de petits hameaux séparés. On tient le bétail dans le milieu de la cour, où il y a toujours un grand puits, et la seule porte d'entrée se ferme régulièrement à la nuit.

Dans la saison pluvieuse, le Monakh se change en lac, et les environs au sud et au sud-est sont couverts d'une vaste nappe d'eau; les habitants regardent ces inondations comme des pronostics infaillibles d'abondance, non-seulement parce qu'elles arrosent leurs dattiers, mais encore parce que les plaines habitées par les Bédouins se couvrent de verdure, ce qui procure à Médine la viande et le beurre nécessaires à sa consommation.

Le précieux monument de Médine qui place cette ville sur le même niveau que la Mecque, c'est la grande mosquée qui contient le tombeau de Mahomet. Comme la mosquée de la Mecque, on la nomme *El-Haram*, à cause de ses inviolabilités, et ce nom lui est constamment donné par les habitants, tandis qu'à l'étranger elle est généralement plus connue sous celui de *Mesdjed-en-Nebi* (la mosquée du Prophète); Mahomet en fut en effet le fondateur. Elle est plus petite que celle de la Mecque, car elle n'a que cent soixante-cinq pas de long et cent trente de large; d'ailleurs elle est bâtie presque sur le même plan, puisque cet espace forme une vaste cour carrée, entourée de tous côtés d'une colonnade couverte de petits dômes, avec un édifice au centre de la cour.

Dix rangs de piliers, les uns derrière les autres, forment la colonnade du sud. Celle de l'ouest n'a que quatre rangs, et les autres, trois seulement. Au sud, qui est la partie la plus sainte de l'édifice, puisqu'elle contient le tombeau de Mahomet, les colonnes ont deux pieds et demi de diamètre, et sont beaucoup plus grosses que celles des trois autres faces. Les colonnes sont des pierres revêtues de plâtre jusqu'à six pieds de terre.

Le toit de la galerie se compose d'un grand nombre de petits dômes blanchis extérieurement; les murs intérieurs sont également blanchis, à l'exception de celui du sud, qui est couvert de dalles de marbre presque jusqu'au haut. Plusieurs rangs d'inscriptions en grandes lettres dorées règnent le long du mur, et sont d'un très-bel effet sur le marbre blanc. Le sol de la galerie est semé de sable, ainsi que la cour ; c'est à la partie du sud que l'architecte a prodigué tous ses ornements ; le pavé est composé de dalles de marbre, et celui qui est près du tombeau est une mosaïque d'un beau travail.

De grandes et hautes fenêtres, avec des carreaux de vitre, laissent passer la lumière à travers le mur méridional : quelques-uns sont très-bien peints. Le long des autres murs, il y a des fenêtres qui ne sont pas vitrées.

C'est près de l'angle du sud-est que se trouve le fameux tombeau, détaché de tous les côtés des murs de la mosquée. La clôture qui le défend contre l'empressement des visiteurs est un carré irrégulier de vingt pas environ, au milieu de la colonnade, et plusieurs des piliers y sont renfermés. C'est un grillage en fer peint en vert, qui s'élève aux deux tiers environ de la hauteur des colonnes ; ce grillage, d'un beau travail, présente une imitation de filigrane, où s'entrelacent des inscriptions à jour, en lettres de bronze ; le tout est tellement serré, que l'on ne peut rien voir de l'intérieur, si ce n'est par de petites fenêtres ouvertes aux quatre angles. On entre dans cette enceinte par quatre portes, dont trois restent constamment fermées ; une seule est ouverte, matin et soir, pour admettre les eunuques, dont l'office est de nettoyer le pavé et les lampes. Dans l'intérieur est un rideau tendu de trois côtés : c'est un riche brocart de couleurs variées, broché de fleurs et d'arabesques d'argent, avec une bande d'inscriptions en lettres d'or; cette couverture a au moins trente pieds de haut.

Suivant l'historien de Médine, ce rideau enveloppe un bâtiment carré de pierre noire, soutenu par deux colonnes, et dans l'intérieur duquel sont les tombeaux de Mahomet et de ses deux successeurs immédiats, Abou Bekr et Omar.

L'historien ajoute que ces tombes sont des fosses profondes, et que le cercueil qui contient la cendre de Mahomet est revêtu d'argent et a sur la partie supérieure une plaque de marbre avec une inscription.

Les contes jadis répandus en Europe sur le tombeau du Prophète, qui était, disait-on, suspendu en l'air au moyen d'un énorme aimant, sont inconnus dans le Hedjaz. Les trésors de la province étaient autrefois conservés autour de ces sépultures, soit suspendues à des cordes tendues en travers, soit déposés dans des coffres. Parmi ces derniers, on doit citer un Coran en caractères cafiques, considéré comme une relique précieuse, parce qu'il avait appartenu à Othmar-Ibn-Aftan. Lorsque les Wahhabites s'emparèrent de Médine, ils prirent tous ces trésors et notamment une étoile de diamants et de perles qui était suspendue directement au-dessus de la tombe du Prophète.

Des lampes de verre sont attachées tout autour du rideau ; on les allume chaque soir, et on les laisse brûler toute la nuit. L'ensemble de cette enceinte ou hedjira est couvert d'un beau dôme, qui dépasse de beaucoup ceux des colonnades, et que l'on voit à une grande distance. La coupole est en plomb et surmontée d'un globe et d'un croissant, l'un et l'autre étincelants d'or. La coupole et tout le temple, tels qu'on les voit aujourd'hui, ont été bâtis par Kaït-Bey, sultan d'Égypte, de l'an de l'hégire 881 à 892.

Une cloison de bois, de huit pieds de hauteur et richement ornée d'arabesques peintes, sépare l'hedjira du *rhoudha*, laissant entre les deux un passage de vingt-cinq pieds. Le rhoudha ou jardin est l'espace contenu entre la chaire et l'hedjira. Deux niches, vers lesquelles le peuple se tourne quand il prie, indiquent le point précis de la Kaaba.

En entrant dans le rhoudha, on a devant soi le spectacle le plus éblouissant. Les couleurs éclatantes qui brillent de toutes parts, les colonnes couvertes de tuiles vernies, les riches tapis, le pavé somptueux, les inscriptions dorées sur la muraille, et dans le fond le grillage étincelant qui entoure l'hedjira, saisissent d'abord le regard; mais ensuite on s'aperçoit que ce n'est que décoration, que clinquant, et non richesse réelle.

Les abords de la mosquée sont de toutes parts obstrués par des habitations particulières, de façon que dans certains endroits une étroite rue existe entre elles et les murs de la mosquée, tandis que sur d'autres points les maisons sont bâties contre les murs et les cachent.

Voici ce que rapporte Samheudi, historien de la Mecque, sur la fondation de cette mosquée. « Quand Mahomet, dit-il, obligé de s'enfuir de la Mecque, arriva à l'emplacement où est aujourd'hui Médine, et qui était alors un campement d'Arabes nommé *yatreb* et entièrement ouvert, sûr de se trouver au milieu d'amis, il acheta le terrain où son chameau s'était d'abord arrêté ; il l'entoura de murs de pierre sur lesquels il plaça un toit de feuilles de palmiers soutenu par des troncs en guise de colonnes ; il agrandit bientôt cette petite chapelle et en fit un édifice dont les fondements étaient en pierre. » Après la mort du faux Prophète on y transporta son corps, et ce lieu a toujours été depuis l'objet de la vénération des musulmans.

Ainsi que nous l'avons dit, des jardins et des plantations entourent la ville et s'étendent à la distance de huit à dix milles. On y cultive des arbres à fruit, le froment et l'orge. La récolte de l'orge, qui abonde dans ce lieu et dont les pauvres font du pain, a lieu en mars.

Le principal produit sont les dattes, dont la célébrité est connue. Les dattiers se trouvent soit dans des enclos, soit en plein champ, et les fruits de ces derniers sont les plus estimés. Le dattier est aussi précieux pour les Arabes sédentaires que le chameau l'est pour les Bédouins.

Les habitants du Hedjaz emploient les feuilles et l'écorce de l'arbre ainsi que la substance charnue qui se trouve à la naissance des feuilles quand elles sortent du tronc ; de plus ils nourrissent le bétail avec les noyaux du fruit ; ils les font tremper deux jours dans l'eau, et quand ils sont amollis, il les donnent, au lieu d'orge, aux chameaux, aux vaches et aux moutons, comme étant plus nutritifs que le grain.

La récolte des dattes est attendue avec anxiété et reçue avec des réjouissances publiques ; et si elle vient à manquer, ce qui est fréquent, car les dattiers ne produisent guère abondance de fruits pendant quatre années successives, ou si les fruits ont été dévorés par les sauterelles, une tristesse universelle se répand parmi la population, comme si l'on redoutait une famine, car les dattes forment l'objet le plus essentiel de la nourriture des Arabes.

Ils accommodent ce fruit de beaucoup de manières ; ils les font bouillir dans le lait, griller avec du beurre, ou réduire en bouillie épaisse par l'ébullition dans de l'eau mêlée de miel. Ils disent qu'une bonne ménagère doit servir à son mari, pendant un mois, un plat de dattes assaisonné chaque jour d'une façon différente.

Autour de Médine, il y a plusieurs endroits visités par les pèlerins et qui sont consacrés par des événements de la vie de Mahomet ; nous n'en parlerons pas, et nous allons passer à quelques remarques sur les habitants de Médine.

La population, presque entièrement composée de familles d'origine étrangère, offre un singulier mélange ; il ne se passe pas d'année sans que de nouveaux colons viennent l'augmenter ; chaque caravane de pèlerins y laisse quelques voyageurs qui s'y fixent pour toujours, ce qui fait que cette ville n'a pas de cachet particulier.

« Les Médinaouis, ainsi écrit le savant Eyriès, traducteur de Burckhardt, se rapprochent des Turcs par leur costume. Très-peu portent le *béden* ou manteau national arabe sans manches, mais les gens les plus pauvres ont de longues robes avec un *djobbé* ou vêtement de dessus en étoffe ; ils y substituent quelquefois un *abba* de cette même étoffe à raies blanches et brunes ; on n'observe aucun costume national ; le peuple s'habille, surtout l'hiver, avec tout ce qu'il peut se procurer à bas prix, de sorte qu'il n'est pas rare de voir un homme affublé de vêtements empruntés à trois ou quatre nations différentes. Les femmes du peuple portent des robes bleues ; celles d'un certain rang, des *mellayés* de soie. »

Les Bédouins des faubourgs ou des environs ont exactement le même costume que ceux du désert de Syrie : ils ont une chemise, un abba, un keffié sur la tête, un ceinturon de cuir dans lequel le couteau est passé, et des sandales. Ceux mêmes qui sont fixés à demeure forment une classe à part qui ne se mêle pas avec le reste des habitants. Ils conservent leur costume, leur langue, leurs usages, et vivent dans leurs maisons de la même manière que sous leurs tentes dans le désert.

Les habitants de Médine ne font de commerce qu'avec les Bédouins ; ils sont cultivateurs, propriétaires de terres et serviteurs de la mosquée. Le défaut d'industrie est encore fort remarquable ; on n'y trouve pas les ouvriers même les plus indispensables. Au dire de Burckhardt, on n'y fabriquait pas de jarres de terre, et l'on était obligé ou de boire dans des jarres à demi brisées, ou d'en faire venir à grands frais de la Mecque.

Les habitants vivent pauvrement, mais leurs appartements sont bien meublés, et leur coûtent considérablement en entretien. Les familles qui ont des jardins dépensent beaucoup pour y recevoir leurs amis. Cette mode est portée à l'excès pendant le mois du printemps ; et alors chacun lutte avec son voisin, et le plus ou moins grand nombre de parties de campagne données par un tel ou un tel devient le sujet des conversations publiques.

Les Médinaouis rendent aux morts des honneurs qui ne sont pas semblables aux cérémonies qu'on pratique dans le reste de l'Orient. Médine est la seule ville où les femmes ne hurlent pas douloureusement à la mort d'un membre de la famille, et où l'on ne trouve pas de pleureuses à gages que l'on paie à l'heure pour pousser des clameurs déchirantes. Une bruyante douleur est regardée comme honteuse. « Le chef d'une famille vint à mourir dans la maison que j'habitais, dit Burckhardt ; sa sœur arriva à minuit, et son fils unique, dans l'effusion de ses sentiments naturels, éclata en lamentations. J'entendis alors sa mère qui lui disait : « Pour l'amour de Dieu, ne crie pas : quelle honte que de crier ! vous nous ferez blâmer par tout le voisinage ; » et après quelques remontrances elle parvint à faire taire son enfant. Il y a une coutume touchante observée aux funérailles. La bière, en sortant de la maison du défunt, est portée sur les épaules de quelques-uns de ses parents ou de ses amis, et le reste suit ; mais, quand le convoi avance dans la rue, chaque passant se hâte de soulager pour un moment les porteurs ; les uns se succèdent aux autres, se pressant pour prendre tour à tour le fardeau, et tout cela se fait sans s'arrêter. Ainsi, passant d'épaules en épaules, le cercueil arrive près de la fosse. »

Burckhardt, arrivé à Médine le 28 janvier, ainsi que nous l'avons dit, y eut à peine demeuré huit jours qu'il fut atteint d'une fièvre réglée qui le retint au lit pendant huit semaines ; la maladie avait tellement affaibli sa santé et allégé sa bourse, qu'il renonça au projet de visiter le Hedjaz, et se détermina à se joindre à une petite caravane qui allait à Yambo, d'où il s'embarquerait pour l'Égypte. Il partit le 21 avril en suivant jusqu'à Safra la route de la Mecque, qu'il quitta à cet endroit, et le 25 avril il campait à Beder. Cette petite ville est située dans une plaine bordée par des montagnes. Les caravanes du hadj y font halte ordinairement. Beder est un lieu fameux dans l'histoire arabe par la bataille que Mahomet y livra dans la seconde année de l'hégire, aux Koreïsch supérieurs en force et accourus au secours d'une riche caravane venant de Syrie, qu'il voulait attaquer. Voici ce que rapporte la tradition fabuleuse : « La bataille était perdue sans l'intervention céleste, car huit mille anges, avec Gabriel en tête, vinrent au secours de Mahomet. Treize personnes, dont les tombeaux sont à un mille environ de la ville, étaient tombées au premier choc, et Mahomet, qui se trouvait avec elles, était serré de près, quand il se cacha derrière un rocher qui s'ouvrit miraculeusement pour le recevoir, et lui permit de regagner sa réserve. Il fit alors une seconde attaque, et, grâce à ces auxiliaires célestes, remporta la victoire, sans perdre un seul homme, tandis que soixante-dix de ses adversaires mordirent la poussière. Après avoir forcé leur position, il se reposa quelques instants sur une pierre, qui, sensible à cet honneur, prit aussitôt la forme d'un siége. »

« A quelques lieues au delà de Beder, nous rencontrâmes, dit Burckhardt, deux pèlerins nègres qui étaient partis seuls de Yambo et se trouvaient en grande détresse par le manque d'eau. Nous leur donnâmes à manger et à boire, et les dirigeâmes vers les campements bédouins, dont nous voyions les feux dans le lointain. Sans boussole, ces entreprenants voyageurs trouvent leur chemin dans les déserts; au départ, il suffit de leur montrer la direction à suivre, et ils vont en avant et en ligne droite, nuit et jour, jusqu'à ce qu'ils arrivent à leur destination. »

Notre voyageur entra à Yambo le 28 avril; ce fut avec difficulté qu'il put se placer dans un des khans ou okal de la ville, car ils étaient remplis de soldats et de hadjis. Du nombre de ces derniers était la femme de Mohammed-Aly, qui avait quatre vaisseaux à sa disposition, pour le transport de sa suite et de ses bagages. Après avoir déposé ses effets dans une chambre, Burckhardt se dirigea vers le port, afin de s'enquérir d'un passage; mais il apprit que les soldats avaient accaparé tous les moyens de transport. Sa situation était cependant périlleuse, ainsi qu'il l'expose :

« Pendant que j'étais assis dans un café, trois convois passèrent à de courts intervalles; et comme j'en marquais mon étonnement, j'appris que beaucoup de personnes étaient mortes depuis peu de jours. Je vis encore, avant la fin du jour, plusieurs autres funérailles ; mais je n'avais pas la plus légère idée de la cause de tant de morts ; je ne la connus que la nuit, et quand je fus rentré dans ma chambre, élevée et qui dominait toute la ville : j'entendis alors, dans toutes les directions, pousser les cris déchirants qui, dans tout l'Orient, accompagnent le dernier soupir d'un parent ou d'un ami. Une pensée terrible traversa mon esprit : cette maladie, c'est la peste ; et vainement je m'efforçai de dissiper mes craintes, ou du moins de les perdre dans le sommeil ; mais les douloureuses et continuelles clameurs me tinrent éveillé toute la nuit. Quand je descendis le matin dans l'okal, où plusieurs Arabes buvaient leur café, je leur fis part de mes soupçons ; mais au seul mot de peste ils me demandèrent, d'un ton de reproche, si j'ignorais que le Tout-Puissant avait pour jamais banni cette maladie du territoire saint du Hedjaz. Cet argument est de ceux qui n'admettent point de réplique chez les musulmans. Je sortis alors pour chercher quelques Grecs chrétiens que j'avais vus la veille dans la rue, et qui confirmèrent entièrement mes terribles soupçons. La maladie durait depuis huit jours et enlevait environ quinze personnes par jour.

« Une semaine après mon arrivée, la mortalité

s'accrut ; quarante à cinquante personnes succombaient chaque jour sur une population de six mille âmes ; c'était une proportion effrayante. Les habitants furent alors saisis d'une terreur générale.

« Peu disposés à se soumettre au danger avec autant de patience que les Turcs, ils s'enfuirent en grand nombre dans le pays découvert, et la ville devint déserte ; mais la contagion suivit les fugitifs, qui s'étaient campés près les uns des autres.

« Si j'eusse eu la force nécessaire, sans nul doute j'aurais suivi leur exemple et j'aurais été avec eux dans le désert ; mais j'étais très-faible et incapable d'aucun effort. Je pensais aussi que je pourrais me soustraire à la maladie, bien clos dans ma chambre isolée, et je me flattais de l'espérance d'un prompt départ. En effet, quelques jours après, j'appris qu'un bateau découvert allait faire voile pour Kosseïr, et je pris immédiatement mon passage à son bord ; mais son départ fut retardé jusqu'au 15 mai, époque à laquelle je quittai la côte après être resté seize jours au milieu de la peste.

« Je fus plusieurs fois exposé à l'infection. La grande rue était bordée de malades à l'agonie, qui demandaient la charité. Dans la cour de l'okal où je demeurais, un Arabe se mourait ; le maître de l'okal avait perdu une sœur et un fils, et, assis sur mon tapis, il me racontait comment son fils était mort la nuit précédente entre ses bras. L'imprudence de mon esclave contrariait d'un autre côté toutes mes mesures de précaution. Ayant remarqué qu'il s'absentait tous les matins de très-bonne heure, je lui demandai la cause de ces absences; il me répondit qu'il allait aider à laver les corps. Les pauvres qui mouraient pendant la nuit étaient exposés le matin sans cercueil, sur le bord de la mer, pour être lavés avant la prière de la mosquée, et mon esclave regardait comme méritoire de se joindre à ceux qui rendaient ce pieux service. Je lui dis de rester à cette heure à la maison pour préparer mon déjeuner; mais il m'était impossible de l'empêcher de sortir à d'autres moments, ni de m'en dispenser moi-même.

« Comme il est d'usage d'enterrer les morts peu d'heures après qu'ils ont rendu le dernier soupir, il arriva deux fois, pendant mon séjour à Yambo, que des personnes furent enterrées vivantes. Une d'elles donna des signes de vie au moment où on la déposait dans la fosse, et elle fut sauvée; quant à l'autre, lorsqu'on rouvrit son tombeau, quelques jours après ses funérailles, pour y placer son propre parent, on trouva son corps déchiré, ses mains et sa figure en sang; et son linceul mis en lambeaux par suite des inutiles efforts qu'elle avait faits pour se lever.

« Pour les pauvres, la peste devient une fête réelle; chaque famille qui en a le moyen tue un mouton à la mort de chacun de ses membres, et le lendemain les hommes et femmes du voisinage sont traités dans la maison du mort. Les femmes entrent dans les appartements, consolent tous les membres de la famille, et s'exposent ainsi continuellement. C'est à cette coutume, plus qu'à toute autre cause, qu'il faut attribuer la rapide diffusion de la peste dans les villes musulmanes.

« Quand la peste eut atteint son plus haut degré d'intensité, les habitants arabes conduisirent en procession une chamelle couverte de toutes sortes d'ornements, de plumes, de clochettes; arrivés avec le cortége au cimetière, ils tuèrent la chamelle et jetèrent sa chair aux vautours et aux chiens. Ils espéraient que la peste, répandue sur toute la ville, se hâterait de se réfugier dans le corps du chameau, et que le sacrifice de cette victime les délivrerait tout d'un coup de la maladie.

« Je m'embarquai le 15 mai dans un grand bateau qui se rendait à Kosseïr; le raïs, ou capitaine, était fils du propriétaire. Comme l'officier du gouverneur de Yambo avait une part dans le bâtiment, on lui permit de partir sans soldats, et le raïs m'avait dit qu'il n'y avait à bord que douze passagers arabes, mais je vis que l'on m'avait trompé. Trente passagers, principalement des Syriens, étaient entassés dans le bateau avec dix matelots. Retourner à Yambo, séjour de la mort, n'était pas possible, et comme je ne voyais à bord aucune apparence de peste, je me soumis à mon sort sans aucune discussion inutile; nous mîmes immédiatement à la voile, serrant de près la côte.

« Le soir, je m'aperçus que ma situation était bien pire que je ne l'avais soupçonné d'abord. Dans la cale il y avait une demi-douzaine de malades, dont deux en proie au plus violent délire. Le jeune frère du raïs, qui était placé tout à côté de moi, était payé pour soigner les malades. Le lendemain, l'un d'eux mourut, et l'on jeta son corps à la mer. Le troisième jour, le frère du raïs sentit de grandes douleurs dans la tête, et, frappé de l'idée de la peste, il voulut qu'on le mît à terre. Le raïs céda à ses instances, et traita avec un Bédouin qui se trouvait sur la côte, pour le reconduire sur son chameau à Yambo. Par bonheur la maladie ne se propagea pas, et nous n'eûmes plus qu'une personne qui mourut, le cinquième jour après le départ. »

La navigation de Burckhardt ne lui offrit rien d'intéressant à noter dans son journal; après vingt jours il arriva dans le port de Scherin, près de la pointe méridionale de la péninsule du Sinaï; il s'y fit débarquer, parce qu'il se trouve toujours là des Bédouins qui conduisent les passagers à Suez. Il y rencontra en outre plusieurs soldats qui se rendaient au Caire, et tous ensemble ils formèrent une petite caravane. Le 6 juin notre voyageur s'était séparé de la petite troupe avec son esclave. « Quand nous nous mîmes en marche vers le soir, nous rencontrâmes un des jeunes Bédouins qui servent de chameliers aux soldats. Son chameau, sur lequel était monté un des soldats, n'avait pu aller au pas des autres, et le cavalier, furieux de ce retard, avait tiré son sabre, et tailladait l'animal pour le faire marcher plus vite. Le jeune garçon, lui ayant adressé des remontrances et ayant saisi le licou du chameau, reçut également un coup de sabre sur les épaules, et comme il ne lâchait pas prise, le misérable déchargea son fusil sur lui. L'enfant s'enfuit et attendit mon arrivée. Nous étions à peu de distance, quand nous entendîmes de loin les expressions de la colère du soldat, qui venait à pied derrière le chameau. M'attendant à une lutte, j'avais chargé mon fusil et mes pistolets; il accourut vers moi et me dit en turc de descendre et de changer de chameau. Je lui répondis par un sourire, en lui disant en arabe que je n'étais pas un fellah, pour que l'on s'adressât à moi de ce ton. Suivant l'habitude de ces soldats, qui croient que tout homme non militaire doit obéir à leurs ordres, il se tourna vers mon esclave et lui ordonna de descendre, jurant qu'il tirerait sur nous si nous n'obéissions pas. A ces mots, je pris mon fusil, en lui donnant l'assurance qu'il était chargé d'excellente poudre et lui enverrait au cœur une balle beaucoup mieux que le sien ne pourrait le faire sur moi. Pendant cette altercation, son chameau avait erré à quelques pas dans la vallée ; et, comme il craignait pour son bagage, il courut après, et nous continuâmes d'aller en avant. Désespérant de me suivre dans les sables, il tira sur nous un coup de fusil, auquel je répondis immédiatement : ainsi finit la bataille. »

La santé de Burckhardt s'affaiblissait chaque jour, et lorsqu'il fut à El-Ouadi, le site de ce village l'engagea à s'y reposer ; en effet, quinze jours de soins améliorèrent son état, et quoiqu'il ne fût pas tout à fait rétabli, il se sentit assez fort pour entreprendre le voyage du Caire.

Le 24 juin il rentrait dans cette capitale, après une absence de près de deux ans et demi, mais il ne se rétablit complétement qu'à Alexandrie. Toujours occupé de son projet de pénétrer dans l'intérieur de l'Afrique, il continuait de demeurer en Égypte en attendant une occasion favorable, lorsqu'en octobre 1817 il fut atteint d'une dyssenterie qui le conduisit au tombeau.

Sir William Ouseley, éditeur du voyage de Burckhardt, a consacré tout un volume aux *Notes sur les Bédouins*, qui avaient été recueillies pour la composition d'un grand ouvrage que la mort a interrompu.

Forcé de nous restreindre, nous allons choisir dans ces *Notes* les passages qui nous ont semblé les plus intéressants, sans nous assujettir d'ailleurs à aucun autre ordre que celui suivi par l'éditeur.

C'est une loi reçue parmi les Arabes que quiconque répand le sang d'un homme doit compte de ce sang à la famille de l'homme tué. Cette loi est sanctionnée par le Coran, qui dit : « O croyants ! la peine du talion est écrite pour le meurtre : un homme libre sera mis à mort pour un homme libre; l'esclave pour l'esclave; la femme pour la femme. Celui qui pardonnera au meurtrier de son frère aura droit d'exiger un dédommagement raisonnable, qui lui sera payé avec reconnaissance. » Ainsi donc les Arabes exigent le sang, non-seulement de l'homicide, mais aussi de tous ses parents; et ce sont ces répétitions qui constituent le droit du *thar*, ou la vengeance du sang. Ce droit s'arrête au *khomsé*, ou à la cinquième génération.

Si la famille de l'homme tué fait périr, pour se venger, deux personnes de la famille du *dammaoui* ou de l'homme avec lequel il y a du sang, celle-ci use de représailles par un meurtre. Si un homme seul est tué, l'affaire en reste là, et tout est tranquille; mais la haine et la vengeance rallument bientôt la querelle.

Il dépend des proches parents de la personne tuée d'accepter le prix du sang, qui, chez les A'nezé, est fixé par leurs anciennes lois. S'ils refusent le prix qui leur est offert, l'homicide et tous ceux de sa parenté se réfugient chez quelque tribu où la vengeance ne peut pas les atteindre. Un usage sacré accorde aux fugitifs trois jours et quatre heures pendant lesquels on ne peut les poursuivre ; on les nomme *djélaoui*.

Quand on est convenu d'arranger l'affaire, voici comment on estime le sang d'un homme : si un A'nezé en a tué un autre, le prix est de cinquante chamelles, un chameau de monture, une jument, un esclave noir, une cotte de mailles et un fusil. Ces cinq derniers objets composent ce qu'on appelle le *sola*. Les cinquante chamelles avec le sola forment le *dieï*. Si un A'nezé tue un Arabe d'une tribu différente, ou si un étranger tue un A'nezé, le dieï est réglé conformément à l'usage prévalant dans la tribu de l'étranger. Chez quelques-unes le sang vaut plus de 1,200 francs, chez d'autres il ne vaut que la moitié. La qualité des objets compris dans le dieï n'est pas examinée : pourvu que le chameau soit vigoureux, la jument peut être de race très-inférieure, et le fusil en mauvais état ; la quantité totale des chamelles est même rarement exigée. Si le parent le plus proche de l'homme tué, auquel seul appartient le dieï, déclare qu'il est prêt à l'accepter, les amis du meurtrier avec leurs femmes et leurs filles passent dans la tente de leur ennemi, et chacun le prie de remettre une partie du dieï. S'il est généreux, il fait grâce d'une chamelle en considération de chacun de ceux qui l'implorent, jusqu'à ce qu'il n'en reste plus qu'un nombre très-restreint. Jamais il ne renonce à la jument, à l'esclave, au fusil. Le dammaoui lui-même et son propre parent arrivent avec une chamelle à la tente de l'adversaire devant lequel l'animal est égorgé, et son sang est supposé laver celui de la personne assassinée. Sa chair est mangée immédiatement par les amis des deux parties, et compte comme étant une portion du dieï. Quand on se sépare, le dammaoui ou son représentant noue un mouchoir blanc à l'extrémité de sa lance, comme une annonce publique qu'il est maintenant quitte du *prix du sang*. Une partie du dieï est payée aussitôt, le reste, deux ou trois jours après. Toute la famille du dammaoui se cotise pour compléter le dieï.

Si un Arabe tue son propre parent, ceux qui sont les plus proches de ce dernier demandent le prix du sang aux personnes de leur famille ; dans ce cas le premier est payé sans délai.

Quant aux Arabes tués dans les guerres entre deux tribus, le prix du sang est demandé à ceux qui sont connus pour les avoir tués. Si la paix est conclue sans la condition « de creuser et d'enterrer, » c'est-à-dire de tout oublier, le sang doit être vengé, quand même les parents ne sauraient que d'une manière vague quels sont les meurtriers de leurs proches. Comme il est très-difficile de constater par qui un cavalier a été mis à mort, un appel est fait au mébesscha ; si l'homme accusé nie l'homicide, on le soumet à une espèce d'épreuve judiciaire.

Dans tout le désert, les grands scheikhs regardent comme un acte honteux un compromis quelconque pour le sang de leurs parents. Renoncer au droit de vengeance personnelle, est une chose dont il leur est impossible de se faire une idée, et les Arabes ont ce proverbe : « Quand même le feu de l'enfer devrait être mon partage, je n'abandonnerai pas le *thar*. » Du reste Burckhardt pense que cette institution empêche seule les tribus arabes de s'exterminer entre elles.

On peut qualifier les Arabes une nation de voleurs dont l'occupation principale est le pillage, objet constant de leurs pensées. Mais on ne doit pas attacher à cet acte les mêmes idées de crime dont on flétrit en Europe le vol quel qu'il soit. Le voleur arabe regarde sa profession comme honorable, et le mot *harami* (voleur) est un des titres les plus flatteurs que l'on puisse donner à un jeune homme. L'Arabe vole ses ennemis, ses amis, ses parents, pourvu qu'ils ne soient pas dans sa propre tente : là leur propriété est sacrée. Il n'est pas honorable pour un homme de voler dans le camp, ou chez les tribus de ses amis; cependant il ne reste pas de tache d'une telle action. Mais l'Arabe s'enorgueillit principalement de voler ses ennemis, et d'emporter furtivement ce qu'il n'a pu prendre à force ouverte.

Un Arabe qui a le dessein de faire une excursion de pillage prend avec lui une douzaine d'amis. tous se revêtent de haillons; chacun emporte une provision de farine et de sel, et une petite outre pleine d'eau ; avec ce chétif approvisionnement, la troupe commence à pied un voyage qui est quelquefois de huit jours. Les harami ou voleurs ne vont jamais qu'à pied. Parvenus dans la soirée près d'un camp objet de leur entreprise, trois des plus hardis sont dépêchés en avant vers les tentes ; ils doivent y arriver à minuit, heure à laquelle les Arabes sont endormis; les autres attendent, à une petite distance du camp, le retour de leurs compagnons. Chacun des trois principaux acteurs a sa besogne distincte. Le *mostambêh* se place derrière la tente qui doit être volée, et cherche à attirer l'attention des chiens de garde les plus proches ; ceux-ci l'attaquent aussitôt; il prend la fuite ; ils le poursuivent à une grande distance du camp, qui est ainsi débarrassé de ses gardiens vigilants. Le second, nommé *el harami* (voleur par excellence), s'avance alors vers les chameaux qui sont accroupis devant la tente; il coupe la corde qui leur lie les jambes, et en fait lever autant qu'il souhaite. Il est bon de remarquer qu'un chameau non chargé se lève et marche sans faire le moindre bruit. Le harami conduit une des chamelles hors du camp, les autres la suivent comme à l'ordinaire. Sur ces entrefaites, le troisième, appelé le *kaïdé*, se place près de la tente, et tient à la main un long bâton, prêt à assommer quiconque essaierait de sortir, et donne ainsi au harami le temps de s'échapper. Si le vol réussit, le harami et le haïdé emmènent les chameaux à une petite distance; chacun empoigne la queue de l'un des chameaux, et la tire de toutes ses forces; cela fait galoper l'animal, et tous ensemble arrivent au lieu du rendez-vous, d'où ils se hâtent de rejoindre le mostambéh, qui dans l'intervalle a été occupé à se défendre des chiens. Les voleurs, ne voyageant que la nuit, retournent chez eux à marches forcées.

Mais le résultat est bien différent dans le cas où le projet vient à manquer. Si un voisin de la tente attaquée aperçoit les voleurs, avec le secours de ses amis il les entoure, et le premier qui saisit l'un d'eux le fait son prisonnier ou rabiét. Le rabât, ou celui qui saisit le rabiét, s'empare de ce dernier et en exige une rançon. Si le rabiét est riche, tout ce qu'il possède en chameaux, chevaux, tentes et provisions, suffit à peine à sa délivrance ; aussi fait-il tous ses efforts pour n'être pas reconnu, et proteste-t-il qu'il n'est qu'un pauvre mendiant, afin d'obtenir la liberté à de meilleures conditions. Le rabât tient ordinairement son prisonnier attaché au fond d'un trou creusé en terre, et qu'il recouvre de manière à ce qu'il ne puisse voir personne. Cet usage tient à une loi nommée dakheïl, et suivant laquelle un prisonnier se fait un protecteur de celui qu'il aura touché, ou qu'il aura atteint, même de loin, en crachant sur lui ou en lui jetant une pierre ; si même un enfant jette un morceau de pain au prisonnier, cela suffit pour qu'il soit aussitôt reconnu libre et reçu comme un hôte. C'est pour ôter à leurs captifs les moyens d'user de ce privilége que les Arabes les ensevelissent ainsi vivants ; toutefois ils ont grand soin de ne pas les laisser mourir dans cette situation, car alors le prix du sang retomberait sur eux.

Cependant les amis du rabiét s'efforcent de le délivrer, soit à force ouverte, soit en usant de stratagème : quelquefois une femme de sa tribu, sa mère, par exemple, vient demander l'hospitalité dans le camp où il est détenu, et lorsqu'elle a découvert le lieu où se trouve le prisonnier, elle tâche de lui mettre dans la bouche l'extrémité d'un long fil, puis elle entre dans la première tente qu'elle rencontre, en réveille le propriétaire, et, le touchant de l'autre bout du fil qu'elle tient dans la main, elle en fait ainsi un protecteur pour le prisonnier, qui est aussitôt rendu à la liberté.

Les Arabes ne s'approchent jamais d'un camp ennemi à pied ou en petit nombre, si ce n'est afin de le voler. Pour faire une attaque ouverte, ils arrivent montés sur des chameaux ; et, quoique leur tentative manque, ils seront traités comme des ennemis loyaux et non comme des voleurs ; ils seront dépouillés et pillés, mais ne seront pas détenus.

Quelquefois les harami, occupés à voler, s'aperçoivent qu'ils sont découverts ou que le jour approche ; ils abandonnent alors l'entreprise ; ils entrent dans une tente, réveillent les habitants et leur disent : « Nous sommes des voleurs et nous désirons faire halte. » La réponse est : « Vous êtes en sûreté. » Un brasier est aussitôt allumé, du café préparé, et un déjeûner placé devant les étrangers, qui sont régalés aussi longtemps qu'ils veulent rester. A leur départ on leur donne des provisions suffisantes pour retourner chez eux ; si en revenant ils rencontrent une troupe appartenant à la tribu qu'ils avaient intention de voler, leur déclaration, conçue en ces termes : « Nous avons mangé le sel dans telle et telle tente, » est un sauf-conduit qui leur assure un voyage tranquille. Si au contraire les harami volent ceux qu'ils rencontrent, ils perdent le privilége du dakheïl, ils ne sont plus reçus en qualité d'hôtes, et on leur enlève leur bien partout où on les rencontre.

Dans quelques occasions le droit du dakheïl n'est consacré que partiellement. Si dans un combat où il y a un massacre, un ennemi poursuivi peut trouver une occasion de gagner la bienveillance d'un Arabe ami de celui qui est à ses trousses, l'Arabe lui dira peut-être : « Je protége ta vie, mais non pas ta jument ni ton bien. » Ces choses sont par conséquent prises par l'homme qui est à la poursuite du solliciteur.

Parmi les tribus qui vivent dans les territoires voisins de l'Égypte et de la Mecque, les vols sont bien moins communs que dans les grandes tribus de l'est. Chez les premières, quiconque essaie de voler dans les tentes de sa propre tribu est à jamais déshonoré. Chez les Arabes du Sinaï, les vols sont entièrement inconnus; un objet peut être laissé sur un rocher, il ne court pas le moindre risque d'être enlevé.

X

M. EUGÈNE BORÉ

VOYAGE EN PERSE.

1837-1840

M. Eugène Boré partit en 1837 pour l'Arménie, chargé d'une mission scientifique en Orient par le ministre de l'instruction publique et par l'Académie des inscriptions et belles-lettres. La lettre qu'il écrivit de Vienne à ce corps savant, pour faire connaître le plan de son voyage, montre assez par quelles études profondes et variées le jeune voyageur s'était préparé à l'entreprise qu'il avait conçue. Nous trouverons d'ailleurs un intérêt d'autant plus vif à le suivre dans sa périlleuse excursion, que nous verrons en lui un missionnaire plein de ferveur et de foi en même temps qu'un savant orientaliste, et que dans ses fatigues et ses dangers il puise son courage et sa force beaucoup plus dans le désir de faire briller la lumière de la religion catholique au milieu des populations païennes, que dans la soif de l'instruction ou dans l'ambition de rapporter une riche moisson de découvertes scientifiques.

Après être resté quelques mois à Constantinople, où il se perfectionna dans la connaissance des langues turque et arménienne, M. Boré se mit en route vers le milieu de l'année 1838. Notre voyageur avait trouvé, pendant son séjour à Constantinople, de puissants encouragements et de précieux renseignements auprès des Lazaristes français établis dans cette ville. « Il faut voir, dit M. Boré, de quelle considération ils sont entourés ici, et comme leur présence est utile. Ils sont le seul collége existant dans l'empire turc ; et ils donnent à l'élite de la jeunesse une éducation française. Leur établissement est très-grand et très-beau pour ce pays. Avec quel bonheur je voyais, en le visitant, que c'était la France qui, sous le rapport des lumières et des efforts pour propager la civilisation, occupait de beaucoup le premier rang sur toutes les autres nations ! » Un de ces missionnaires lazaristes, M. Scafi, se joignit à son compatriote pour aller parcourir l'Arménie, pour visiter les catholiques qui s'y trouvent disséminés, et pour chercher à en augmenter le nombre. Comme les voyageurs voulaient se frayer des routes nouvelles, sans se rattacher à aucune des caravanes qui parcourent toujours à peu près le même chemin, ils se firent accompagner d'une petite escorte composée d'un Turc, chargé de réclamer les chevaux et le logement auxquels leur donnait droit le firman qui leur avait été accordé, et de deux espèces de postillons qui conduisaient quatre chevaux portant le bagage.

M. Boré et son compagnon, en quittant Constantinople, côtoyèrent la mer Noire et parcoururent l'Anatolie et la Bithynie; ils visitèrent notamment Usbouk, qui est l'ancienne Prusias-ad-Hippium, Héraclée, et Amassérah, l'ancienne Amastris; parmi les ruines de cette ancienne cité, qui fut fondée par la nièce du grand Darius, ils remarquèrent une colonne d'ordre toscan surmontée d'un aigle aux ailes déployées, le tout taillé dans le roc vif, ainsi qu'une statue d'empereur romain qui, de sa main étendue, semble dominer la mer se déroulant à ses pieds; ils reconnurent les vestiges de vastes jardins suspendus, soutenus par un immense dédale de pièces souterraines et voûtées, et un petit temple d'une architecture gréco-romaine qui, suivant l'inscription dont il est décoré, fut élevé à l'empereur Sévère par la quatrième légion gauloise.

Nos voyageurs entrèrent ensuite dans la Paphlagonie, où ils reconnurent l'ancienne Pompéiopolis, remarquable par les restes assez bien conservés d'un château d'architecture byzantine. A Samsoun, ils quittèrent les bords de la mer pour s'enfoncer dans l'Asie-Mineure; Amasie, la patrie de Strabon, leur montra ses cavernes funéraires creusées dans la montagne, ses deux ponts, et sa citadelle, qu'une position unique rend presque inexpugnable. « Le christianisme, dit M. Boré, créateur, dans les sociétés modernes de l'Occident, d'un art qui a surpassé celui des païens, a voulu rivaliser ici avec la religion de Zoroastre dans l'exécution d'une caverne sépulcrale, creusée sur le modèle des tombeaux décrits précédemment, et cette fois encore l'œuvre de la vérité l'emporte sur l'œuvre du mensonge. La caverne en question est située non loin du faubourg dont l'Iris arrose les jardins touffus, en dirigeant son cours vers le nord. On l'appelle *Ainalu*, c'est-à-dire *polie comme le miroir*, parce que le roc a été taillé si délicatement, qu'il imite le lustre et le reflet du verre. Une voie pavée y conduisait, et le village voisin, appelé *Ziaret-Keni*, c'est-à-dire *le village du pèlerinage*, a usurpé le nom que la foi et la piété lui donnèrent. Aucune des cavernes si vantées de Persépolis n'égale celle-ci pour les dimensions et le travail. La montagne, à la hauteur de cinquante pieds, a été ouverte en forme de calvaire ; et le rocher a été coupé comme une maison derrière laquelle on a pratiqué un passage qui permet d'en faire le tour. Sa hauteur est de trente pieds, sa profondeur de vingt-quatre, et son ouverture a huit mètres. La bouche béante de la caverne occupe le centre de la façade, dont le sommet est arrondi en forme de plein-cintre. La destination religieuse du monument n'est pas douteuse, grâce aux peintures d'anges et de saints décorant le dessus de la porte, dont nous distinguâmes encore les auréoles lumineuses et les postures suppliantes. Le marteau a mutilé des caractères grecs, dont le type énorme, contre l'intention des profanateurs, laisse ineffaçable la trace du nom divin de Jésus-Christ. »

M. Boré conjecture que cette caverne était le tombeau de quelque saint évêque, probablement de saint Basilique, prélat que l'Église d'Amasie révérait avec une piété particulière.

Douze lieues plus loin, M. Boré fixa la situation de l'ancienne Magnopolis.

Après avoir salué avec vénération sur leur route le tombeau de saint Chrysostome, nos voyageurs s'arrêtèrent avec bonheur à Tokat, au milieu des Arméniens catholiques, qui s'y trouvent au nombre d'environ cent familles. On n'avait jamais vu là de prêtre d'Occident; tout le troupeau était dans l'allégresse, et chacun se disputait l'honneur d'avoir M. Scafi pour hôte.

Tokat était autrefois le siége d'un commerce important; mais la concurrence des fabriques européennes a détruit les manufactures indigènes, et les bateaux à vapeur qui sillonnent aujourd'hui la mer Noire ont transporté à Trébizonde l'activité commerciale qui faisait la fortune de Tokat ; cependant cette ville a conservé de nombreux ateliers dans lesquels on continue de fabriquer les ustensiles de ménage en cuivre et les vases de même métal qui servent aux musulmans pour leurs ablutions.

On conduisit nos voyageurs vers une tombe qui portait, leur disait-on, une inscription tracée en une langue inconnue, et ils reconnurent le tombeau de Henry Martin, missionnaire anglais protestant, mort en cette ville en 1812.

En quittant Tokat, les voyageurs se rendirent à Erzeroum, devenu la ville la plus importante de toute l'Arménie par sa situation favorable sur les limites de l'empire ottoman, de la Russie et de la Perse. M. Boré franchit ensuite la frontière russe pour se rendre, au pied du mont Ararat, dans le couvent d'*Échemiazin*, le plus célèbre des monastères arméniens de l'Orient. Puis il visita les ruines d'Ani, ancienne capitale de l'Arménie, où il resta sept jours entiers à copier des inscriptions.

Arrivé à Erzingam, le pieux voyageur s'enfonça dans des montagnes sauvages et rendues très-dangereuses par les fréquentes excursions des Kurdes, pour aller visiter Tortan, où la tradition place le tombeau de saint Grégoire, et où l'on montre encore la grotte habitée par l'illustre *illuminateur* de l'Arménie. Les couvents de ces contrées sont bien déchus depuis qu'un schisme orgueilleux a séparé les Arméniens de l'Église romaine, et ces saintes demeures ressemblent plutôt à de pauvres fermes qu'à des lieux de prière. La grotte de saint Grégoire est creusée sur la crête escarpée d'un rocher presque toujours couvert de glace, et domine une vallée de l'aspect le plus triste et le plus désolé.

Rentrant ensuite dans le Kurdistan, et pénétrant en Perse, M. Boré alla se reposer à Tauris, après avoir traversé Van et Salmas. Là il retrouva son compagnon, M. Scafi, que le gouverneur de Tiflis avait repoussé du sol russe, parce qu'il le savait missionnaire catholique; en effet les Russes veulent priver les Arméniens qu'ils ont attirés sur leur territoire de toute communication avec les catholiques, dans l'espoir de leur faire adopter la religion de leurs nouveaux maîtres.

C'est à Tauris que M. Boré conçut la noble pensée d'établir, pour les Persans de tous les cultes, une université fondée sur l'enseignement de la langue française. Ce projet, fortement appuyé par le prince Quahraman-Mirza, frère du shah, et le gouverneur de l'Aderbidjan, fut accueilli avec enthousiasme par une nombreuse jeunesse avide d'instruction. Plein de courage et animé d'une foi ardente, le jeune missionnaire de la civilisation se mit aussitôt à l'œuvre, et commença par se faire maître d'école; il était soutenu dans ses pénibles efforts par la conscience du bien qu'il opérait, par l'espérance de faire pénétrer dans ce pays les vérités de la religion catholique, au moyen des connaissances purement profanes qu'il devait d'abord répandre parmi ses élèves, et enfin par le désir de préparer à son pays une alliance durable avec ces Persans que l'on a nommés les Français de l'Orient. Pour développer tout le plan de son université, dont il voulut étendre l'enseignement à la philosophie et à toutes les sciences exactes, M. Boré comptait sur la coopération de la congrégation des Lazaristes français établie à Constantinople, et son compagnon M. Scafi partit aussitôt pour cette ville et pour Paris, dans le but d'organiser cette grande entreprise. Mais cette belle œuvre ne devait pas réussir aussi vite que l'espéraient ses fondateurs, et M. Boré devait attendre longtemps les coopérateurs qui lui étaient nécessaires; toutefois il n'hésita pas à inaugurer seul l'école à laquelle il voyait un si bel avenir. On ne peut s'imaginer tout ce qu'il lui fallut d'énergie et de persévérance pour vaincre tous les obstacles que lui opposaient les préjugés religieux qui règnent dans le pays et surtout l'animosité des chrétiens schismatiques, excités et payés par les missionnaires protestants. Il dut soutenir des procès, résister à des menaces de violence, et suppléer par son zèle seul à toutes les ressources qui lui manquaient. L'année 1839 s'écoula tout entière au milieu de ces rudes travaux; mais les efforts du courageux voyageur furent pleinement couronnés : le shah le prit hautement sous sa protection, et lui accorda un firman qui lui conférait le droit de fonder ses écoles partout où il lui plairait. Déjà à cet instant M. Boré avait ouvert dans les districts de Salmas, d'Ourmiah et de Tauris, cinq établissements où l'on voyait, confondus devant la chaire du professeur, des Arméniens, des Chaldéens et des musulmans qui montraient pour l'étude de la langue française autant d'aptitude que d'ardeur.

Au commencement de 1840, M. Boré éprouva une grande joie en voyant l'ambassade que la France envoyait auprès du shah de Perse, entrer solennellement à Tauris au bruit d'une salve de canons, les seuls qui restent sur leurs affûts dans le royaume, depuis la mort d'Abbas-Mirza. Laissons-le raconter, avec le charme touchant qui caractérise ses récits, les circonstances dans lesquelles il se trouva au milieu de ses compatriotes.

« Le 20 janvier au soir, j'étais dans ma petite chambre suivant toujours, dans ma pensée impatiente, ceux qui étaient par moi si vivement désirés. Tout à coup deux jeunes gens en élégant costume militaire entrent, suivis d'une troisième personne. Les deux premiers étaient MM. le comte Daru et d'Archiac. Quant à la troisième personne, devine : tu as eu l'avantage de la voir à Paris. C'était le missionnaire lazariste compagnon de mes courses à travers la Bithynie, la Cappadoce, le Pont, et la terre des Arméniens : M. Scafi, ce prêtre dévoué avec qui j'avais mis le pied en Perse, l'année précédente. C'est lui qui avait reçu mes premières confidences sur le projet d'un établissement religieux et scientifique dans ce royaume. C'était par ses engagements et ceux de ses frères résidant à Constantinople que j'avais trouvé le courage de rester au poste et d'attendre. Certes, jamais mon espérance, quelque ambitieuse qu'elle fût, n'aurait imaginé un rêve aussi beau que la venue d'une ambassade française. Mes désirs se bornaient à l'arrivée de quelques ouvriers apostoliques, pouvant m'assister dans ma téméraire entreprise, et conquérir en même temps des âmes à Jésus-Christ ; et je la vois actuellement précédée par un ministre investi de tout l'éclat de la dignité que notre gouvernement sait, avec un louable discernement, conférer à ses représentants.

« Le 24, sur la même route où j'ai dirigé tant de fois les promenades solitaires de ma récréation, en pensant à toi et à tous ceux qui me sont chers, je m'acheminai, monté sur mon cheval arabe et entouré des officiers français dans leur joli uniforme de toute arme. Les khans ou grands seigneurs de la ville, les marchands arméniens, et les agents consulaires de la Russie et de l'Angleterre se pressaient aussi à notre suite, pour cette réception solennelle. A mon bonnet persan j'avais ajouté pour ornement la cocarde nationale : innovation sans exemple probablement, et qui a fait un merveilleux effet, la triple nuance de ses couleurs se détachant gracieusement sur la peau noire et moirée de Bokhara. A mes côtés marchait M. Scafi, tout aussi joyeux et tout aussi pensif que moi. Vers le midi, au moment où un courrier accourait nous annoncer l'approche de l'ambassadeur, le ciel, terni par des nuages neigeux, se déchargea de son triste voile et laissa tomber une vive clarté sur les montagnes et dans la plaine. Alors ce rayon me parut comme un flambeau céleste destiné à éclairer notre triomphe, et ces paroles vinrent d'elles-mêmes sur mes lèvres : « Voici le jour qu'a fait le « Seigneur, réjouissons-nous, et que l'allégresse « nous transporte. »

« Bientôt notre troupe fit halte devant celle de l'ambassadeur, autour duquel se pressaient tous ses jeunes secrétaires et les autres attachés qui doivent, par leur talent, compléter la partie scientifique de la mission ; car il faut rendre cette justice à ceux qui nous gouvernent, que les intérêts de la politique ne leur font jamais perdre de vue ceux de la science. Quelle fut ma confusion, lorsque Son Excellence le comte de Sercey et ceux qui l'accompagnaient m'accueillirent comme un ami connu, moi pauvre exilé, inconnu de tous, si ce n'est de toi et de quelques autres! A mille lieues de la patrie, sur une terre où tout est changé, les choses comme les hommes, le titre de Français est puissant : devant lui tombe toute distinction de rang ou de fortune. Je me trouvais en ce jour, de droit et par ma position, leur introducteur en Perse et le maître de la cérémonie. Mon cheval avait pris les sentiments d'orgueil qui auraient pu me venir, et il les traduisait en piaffant avec une coquetterie inaccoutumée. Après l'échange du salut le plus cordial, je me mêlai au bataillon sacré, composé de MM. de Lavalette, premier secrétaire; de Chazelle, Cyrus Gérard, Desgranges, mon premier maître de turc au collége de France; Biberein, leur drogman, mon ancien condisciple à l'école des langues orientales; La Chaise le médecin, Flandin le peintre, et Coste l'architecte. Il me semblait en chacun trouver un frère. Tous étaient rayonnants de santé, malgré la rigueur du froid qui n'a cessé de les tourmenter depuis le 3 décembre, et qui, pendant leur trajet de Trébizonde à Erzeroum, s'est élevé jusqu'à dix-huit degrés. Leur union, resserrée par une affabilité et une politesse exquises, leur a fait supporter avec gaieté ces fatigues. »

M. Boré se joignit à l'ambassade française pour aller à Téhéran, capitale actuelle de la Perse, choisie par la dynastie régnante des Kadjars ; mais on n'y trouva pas le roi, qui était parti, suivi de ses ministres et de sa cour, pour aller réduire l'ancienne capitale Ispahan, qui s'était révoltée contre son autorité, et qui se soumit à l'approche du souverain. Sa route de Tauris à Téhéran se fit par un froid vif et piquant et sur une épaisse couche de neige. Les voyageurs remarquèrent en passant, Zingham, autrefois remarquable par son palais, qui est aujourd'hui en ruines comme une grande partie de la ville ; Sultanié, dont la belle mosquée, décrite autrefois par Chardin, offre encore des ruines pleines de grandeur ; enfin Casbin, dont la population se porta au-devant des Francs avec un enthousiasme peu ordinaire chez les flegmatiques musulmans. Les jeunes diplomates et les artistes qui accompagnaient l'ambassade étaient douloureusement affectés de ne rencontrer sur la route que des ruines et des traces de misère. Il y avait loin de cette contrée froide et désolée, privée de routes, de culture, d'administration régulière et presque d'organisation sociale, à cet Orient embaumé et fantastique que leur imagination s'était représenté si brillant, d'après les descriptions pompeuses des poëtes et des conteurs !

M. le comte de Sercey se fit précéder auprès du shah par son premier secrétaire, M. de Lavalette, et lui donna M. Boré pour compagnon de voyage. Ils traversèrent la ville de Qoum, remarquable par les restes d'un beau palais qui atteste en même temps la magnificence des règnes passés et la décadence actuelle de l'empire. Néanmoins l'on entretient encore dans son ancienne splendeur la mosquée de Fatmé, que ses portes, ses grilles, ses lampes et son tombeau d'argent, ses beaux tapis, et son dôme resplendissant aux rayons du soleil ont fait appeler la *Maison d'or*.

Le 1er avril 1840, M. de Lavalette et M. Boré, guidés par le secrétaire du ministre des affaires étrangères, jeune homme qui a voyagé en Europe et que l'on avait envoyé à leur rencontre, firent leur entrée dans la ville d'Ispahan. L'état de ruine et d'abandon de cette cité attristait les voyageurs. « De vastes quartiers sont changés en jardins, dit M. Boré, et l'on ne voit plus s'élever au milieu des ruines que le minaret d'une mosquée ou le portail d'un édifice public. Soixante mille habitants ont survécu à une population qui égalait celle de notre capitale au temps de Louis XIV. Les bazars sont vides, et si l'on ne voyait à l'autre extrémité de ce désert, la place royale, l'école de Shah-Hussein et les avenues de platanes qui conduisent au palais des Abbas, on ne pourrait reconnaître ce centre glorieux de la monarchie décrit par Chardin. Les deux ponts de briques jetés sur le Zaiendé-Roud ont résisté aux ravages du temps et des guerres ; la galerie qui sert à la fois de parapet et de passage aux piétons, la hardiesse des arches et leur solidité en font deux monuments très-remarquables.

Dès le lendemain de leur arrivée à Ispahan, les deux Français furent mandés devant le roi, dont l'impatience bravait ainsi toutes les lois de l'étiquette, qui veulent que les étrangers, les ambassadeurs eux-mêmes, se renferment pendant trois jours avant de paraître devant le souverain. « Nous fûmes introduits, dit la narration, dans une salle ornée de peintures et de lambris dorés, et nous nous trouvâmes face à face avec le roi. Il était assis sur ses jambes croisées, à l'écart des courtisans, immobiles devant lui, dans l'attitude d'un religieux respect. Sa coiffure était un simple bonnet de peau d'agneau. Une robe de cachemire jaune, ouverte sur la poitrine, laissait entrevoir l'uniforme militaire qu'il a adopté pour lui et pour son armée. Après un salut gracieux, il nous adressa la parole avec une bienveillance qui répondait à l'air de bonté que respire sa figure. Son attitude, ses gestes, ses paroles étaient pleines de convenance et de dignité. A plusieurs reprises il manifesta la joie que lui causait l'arrivée d'une ambassade qui devait, disait-il, consolider à jamais l'alliance de la Perse et de la France. Mohammed-Shah a trente-cinq ans environ ; il est d'une constitution robuste ; sa barbe, épaisse et noire, est coupée assez ras, à l'exception de longues moustaches transversales, que portent aussi, par imitation, les autres princes du sang. »

Quelques jours après, l'ambassadeur obtint son audience solennelle, qui eut lieu avec beaucoup d'éclat. La présence de l'envoyé français contribua puissamment au succès des entreprises de M. Boré, et le shah lui accorda un firman dans lequel, en considération du renouvellement d'alliance qu'il vient de contracter avec la France, il garantit aux catholiques établis dans son royaume la liberté de conscience, il leur permet d'élever des églises, d'y célébrer leur culte, et de fonder des établissements pour l'éducation de la jeunesse, menaçant de châtiments exemplaires ceux qui gêneraient ou molesteraient les catholiques dans l'exercice de leur culte.

M. Boré profita aussitôt de ce firman pour établir une nouvelle école à Djulfa, vaste faubourg d'Ispahan, autrefois habité par les chrétiens; il obtint la restitution d'une maison qui avait autrefois appartenu aux missionnaires français, et vit bientôt ses soins couronnés de succès presque inattendus.

C'est à ce point que s'arrête le livre intitulé *Correspondance et Mémoires d'un voyageur en Orient*, qui nous a servi de guide; nous n'avons pu donner qu'une bien faible idée de l'intérêt qui s'attache à cet intéressant récit. Nous renvoyons à l'ouvrage lui-même ceux de nos lecteurs qui voudront mieux apprécier les travaux du courageux voyageur et s'édifier aux nobles pensées du missionnaire. Depuis, M. Boré est revenu en France, après avoir eu la satisfaction de voir son œuvre établie sur des bases solides et durables.

FIN.

TABLE

I. Jean Chardin. — Voyage en Perse. — 1664-1680. . 1
II. Amédée Jaubert. — Voyage en Arménie et en Perse. — 1805-1806. 37
III. Sir John Malcolm. — Esquisses de la Perse. — 1800-1809. 52
IV. Buckingham. — Voyage en Mésopotamie. — 1817. 66
V. Fraser. — Voyage en Perse. — 1818-1822. . . . 89
VI. Georges Keppel. — Voyage de l'Inde en Angleterre par Bassora, Bagdad, les ruines de Babylone, les côtes occidentales de la mer Caspienne. — 1824. . . . 159
VII. Robert Mignan. — Voyage en Chaldée. — 1827. . 175
VIII. J.-H. Stocqueler. — Voyage dans les parties peu connues du Khouzistan et de la Perse. — 1831-1832. . 180
IX. Burckhardt. — Voyage en Arabie. — 1813-1817 . 190
X. Eugène Boré. — Voyage en Perse. — 1837-1840. . 266

Tours, imp. Mame.

www.ingramcontent.com/pod-product-compliance
Lightning Source LLC
Chambersburg PA
CBHW050628170426
43200CB00008B/931